dtv

dtv

portrait

Herausgegeben von Martin Sulzer-Reichel

*Lioba Waleczek*, geboren 1961, studierte in Konstanz, Berlin und Köln Germanistik, Philosophie und Kunstgeschichte. Seit ihrer Promotion arbeitet sie als freie Autorin und Lektorin in Köln.

# Max Frisch

von Lioba Waleczek

Deutscher Taschenbuch Verlag

Weitere in der Reihe dtv portrait erschienene Titel
am Ende des Bandes

*Meinen Eltern*

Originalausgabe
April 2001

Umschlagkonzept: Balk & Brumshagen
Umschlagfotografie © AKG, Berlin
Satz und Layout: Agents – Producers – Editors, Overath
Druck und Bindung: APPL, Wemding
Gedruckt auf säurefreiem, chlorfrei gebleichtem Papier
Printed in Germany ISBN 3-423-31045-6

# Inhalt

1 Varlin (Willy Guggenheim), ›Der Schriftsteller Max Frisch‹, 1958
Frisch schätzte Varlin außerordentlich: »Herrlich ist Varlin, weil er kein Ideologe ist, sondern ein Temperament«. (›Varlin‹, IV, 226)

2 In Varlins Atelier, 1958

# »Es ist nicht die Zeit für Ich-Geschichten«

Der gebürtige Schweizer Max Frisch hat immer wieder bereitwillig über sich, sein Schreiben und seine politischen Überzeugungen Auskunft gegeben. Dies dokumentiert sich nicht nur in vielen Interviews. An erster Stelle ist hier vielmehr das literarische Werk selbst zu nennen. Schon einer seiner ersten Zeitungsartikel, aus dem Jahr 1932, trägt den Titel ›Was bin ich?‹. Diese Frage gewann für Leben und Werk entscheidende Bedeutung. Denn »ein großer Teil dessen, was wir erleben, spielt sich in unserer Fiktion ab, das heißt, daß das wenige, was faktisch wird, nennen wir's die Biographie, die immer etwas Zufälliges bleibt, zwar nicht irrelevant ist, aber höchst fragmentarisch, verständlich nur als Ausläufer einer fiktiven Existenz.« (V, 332)

Zeitlebens bleibt Max Frisch dieser Problemstellung verbunden; sie avanciert zum Dreh- und Angelpunkt seiner schriftstellerischen Arbeit. Aller dort bewiesenen Offenherzigkeit zum Trotz sind Leben und Werk natürlich nicht identisch. Wer sich der Biographie von Frisch allein anhand seiner Arbeiten zu vergewissern sucht, wird sich immer wieder in die Irre geführt sehen: »Jeder Mensch erfindet sich eine Geschichte, die er dann, oft unter gewaltigen Opfern, für sein Leben hält, oder eine Reihe von Geschichten, die sich mit Ortsnamen und Daten durchaus belegen lassen, so daß an ihrer Wirklichkeit nicht zu zweifeln ist. Nur der Schriftsteller glaubt nicht daran. Das ist der Unterschied.« (IV, 263f.) Soweit es also um »faktische« Ereignisse geht, ist dieses Moment beständig im Blick zu halten.

Deine Stelle in der Literaturgeschichte: wie beschreibt man sie? Ein formaler Neuerer bist Du nicht gewesen; Du hast auch nicht – Identitätsproblem in Ehren – von Dir reden gemacht durch eine nie dagewesene Thematik. Ich glaube, Du hast Epoche gemacht durch etwas zugleich Unauffälliges und Fundamentales: ein neues Ethos (und Pathos) des *Versuchs*, Deine Bücher machen die literarische Probe auf ein Exempel der Phantasie – oft einer moralischen Phantasie. Was wäre wenn? einer sein Leben nochmals neu komponieren könnte; unsere Handlungen ohne Zukunft wären; das Onsernone zu einem Tal ohne Ausgang würde; ›Blätter aus dem Brotsack‹ nochmals zu schreiben wäre; ... jemand blind spielte ... ICH STELLE MIR VOR – was dann? *Adolf Muschg, in: ›Begegnungen‹, 1981*

3 Peter Weiss, Siegfried Unseld, Max Frisch, Martin Walser und Uwe Johnson anläßlich des 70. Geburtstags von Frisch am 15. Mai 1981 in Frankfurt

Entschlossen und kämpferisch den eigenen Weg verfolgend, wird Frisch schließlich zu einem der Leitsterne des Suhrkamp Verlags. Mit einer Gesamtauflage in zweistelliger Millionenhöhe bescherte der Schweizer dem Frankfurter Verlag einen beispiellosen Erfolg und prägte dabei die deutschsprachige Nachkriegsliteratur nach 1945 wie kaum ein anderer. Dem Züricher Literaturwissenschaftler Karl Schmid gestand er einmal: »Ich möchte ein Buch werden. Indem ich schreibe, erfinde ich mich als eine Figur, die ich verlassen werde, wie meinen Körper, um nicht zu sein.« Doch der hier erweckte Eindruck trügt, Frisch betreibt das literarische Geschäft immer auch im Hinblick auf ihn bedrängende Probleme. Daß er allerdings noch die vermeintlich privatesten Aspekte in überzeugender Weise auf ihren allgemeinen Sinn hin zu entfalten vermag, charakterisiert seine literarische Bedeutung. In der Person Frischs begegnet ein Autor, der sich selbst zum Gegenstand dessen erklärt, was als »besseres Ich« die Welt nicht nur zu verstehen, sondern auch zu verändern sucht.

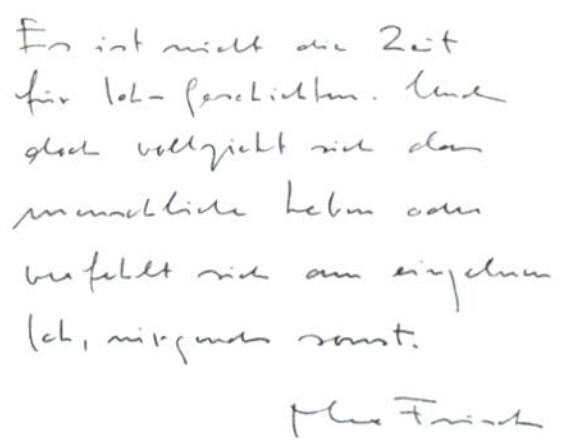

Es ist nicht die Zeit
für Ich-Geschichten. Und
doch vollzieht sich das
menschliche Leben oder
verfehlt sich am einzelnen
Ich, nirgends sonst.

Max Frisch
*(in: Gan, V, 68)*

# Kindheit und Jugend

Max Frisch bewies mit großer, suggestiver Kraft seine Fähigkeit, die eigene Biographie so sinnreich wie publikumswirksam zu inszenieren. Soweit er allerdings über die eigene Familie schrieb, betrieb er höchst selten, was im Zuge der Erinnerung an die eigene Kindheit gemeinhin als eine Art Spurensuche verstanden wird, um sich der eigenen Wurzeln und Entwicklung im reflektierenden Blick zu vergewissern. Ganz im Gegensatz zu großen Schweizer Autoren wie beispielsweise Gottfried Keller oder Robert Walser drängt sich angesichts der wenigen Äußerungen zu Eltern, Geschwistern, Kindheit, Schulzeit etc. der Eindruck auf, der Schriftsteller Max Frisch habe sich für dieses Themenspektrum in seiner Gesamtheit schlichtweg kaum interessiert. So intensiv er sich immer wieder mit dem Verhältnis von Mann und Frau, mit Themen wie Eifersucht, Ehe und Alter auseinandergesetzt hat und so sehr fiktive Biographien bzw. Lebensentwürfe im Zentrum seines Werkes stehen – das eigene Herkommen, seine Kindheit und Jugend hat Frisch aus seinem Werk weitgehend ausgespart, überhaupt damit verbundene Motive nur vereinzelt literarisch gestaltet.

Lapidar erklärt er, die eigene Existenz resultiere aus zufälligen Umständen: »Irgendwann im neunzehnten Jahrhundert, so zur Zeit des reifen Gottfried Keller [1819–1890], trat über die schweizerisch-österreichische Grenze ein junger Geselle, Sattler von Beruf, um hier zu arbeiten. Er heiratete eine Tochter aus dem Kleinbürgertum, Nägeli mit Namen, in Zürich, und machte Kinder, Söhne, die sich einbürgerten, einer davon wurde Architekt. Ungefähr zur selben Zeit, die eine große Zeit für die

Ich habe mir mein Leben verschwiegen. Ich habe irgendeine Öffentlichkeit bedient mit Geschichten ... Ich lebe nicht mit der eigenen Geschichte, nur mit Teilen davon, die ich habe literarisieren können. Es fehlen ganze Bezirke: der Vater, der Bruder, die Schwester. Im vergangenen Jahr ist meine Schwester gestorben. Ich bin betroffen gewesen, wieviel ich von ihr weiß; nichts davon habe ich je geschrieben. Es stimmt nicht einmal, daß ich immer nur mich selbst beschrieben habe. Ich habe mich selbst nie beschrieben. Ich habe mich nur verraten. *Mon, VI, 720*

5 Der Vater, Franz Bruno Frisch

Schweiz war, kam ein anderer aus Württemberg, Sohn eines Bäckermeisters, auch einer, der dann nicht mehr ging, der sich einbürgerte und eine Baslerin heiratete, Schulthess mit Namen, er wurde Maler und Kunstlehrer in Zürich und machte ebenfalls Kinder, aber Töchter. Später dann, kurz nach der Jahrhundertwende, heirateten eine dieser Basel-Töchter und einer dieser Zürich-Söhne, und das gab wieder Kinder, Söhne – einer davon bin ich.« (V, 398f.)

Mit diesen wenigen Worten wird Frischs Herkunft präzise umrissen: Max Frisch entstammt einer Familie von Einwanderern kleinbürgerlicher Herkunft, die es – letztlich aus wirtschaftlicher Not – in die Schweiz verschlagen hat. Zeit seines Lebens sieht er in der Möglichkeit, äußere Lebensumstände zu variieren, ein wichtiges Indiz für Freiheit. Die mit dem Leben in anderen Städten und Ländern einhergehende »Mobilität« erscheint geradezu als eine Reaktion auf die für seine Vorfahren charakteristischen Anstrengungen, eine Heimat zu finden und sich dort gesellschaftlich zu etablieren.

Obgleich Frischs zahlreiche Wohnungswechsel keiner bestimmten Regel folgen, kommt doch in der von ihm ebenso ernsthaft wie bewußt verfolgten Absicht, einmal hier, einmal dort leben zu können, ein bedeutsames biographisches Moment zum Ausdruck. Es verweist einerseits auf die Wurzeln seiner Herkunft, andererseits führt es aber auch Grundsätze seines

**Herkunft:** Frischs Vater – Sohn eines Sattlers – vertrat zeitlebens kleinbürgerliche Positionen, auch als er längst schon als Architekt bzw. Makler tätig war. Die Mutter erinnerte sich an »bessere Zeiten«, hatte ihr Vater doch die Züricher Kunstgewerbeschule geleitet und damals eine sogenannte gute Partie gemacht: Frisch über seinen Großvater mütterlicherseits: »Er nannte sich Maler, trug eine erhebliche Krawatte, weit kühner als seine Zeichnungen und Gemälde; der heiratete dann eine Baslerin namens Schulthess, die nie ganz hat vergessen können, daß ihre Familie einmal eine eigene Droschke besessen hat«. (Tgb I, II, 584)

künstlerischen Selbstverständnisses vor Augen: Unabhängigkeit und Mobilität – in nahezu jeder Hinsicht.

Im Gegensatz zu seinen kleinbürgerlichen Vorfahren favorisiert Frisch ganz bewußt eine gewisse Ungebundenheit. Er schätzt Ortswechsel und die damit einhergehende Veränderung seiner Lebensumstände. So kann er seiner existenziellen Befindlichkeit unmittelbar Ausdruck verleihen. Er lebt u. a. in Zürich, in Rom, im Tessin, in New York und Berlin. Zwischenzeitlich kehrt er immer wieder nach Zürich zurück. Schon Anfang der dreißiger Jahre bereist er die Tschecheslowakei, Jugoslawien, die Türkei und Griechenland. Damals ist er gerade 22 Jahre alt und oft in Geldnöten. Später fährt er auch nach Rußland, in die USA, nach Mexiko, Kuba, Japan, China usw.

In biographischer Hinsicht begegnet hier nicht nur ein möglicher Reflex auf seine Herkunft, sondern eine innere Bereitschaft für Veränderungen als solche. Schon für den jungen Frisch ist dieser Charakterzug typisch. Den extrem hohen Erwartungen von seiten der Eltern vermag er auf diese Weise nicht nur zu genügen, sondern sie in bestimmter Weise sogar zu übertreffen – und schafft damit die Voraussetzungen, der provinziellen Enge auf Dauer zu entrinnen. Sich äußerlich abzeichnende Wechsel in den Lebensumständen verdanken sich nicht zuletzt dem zeitlebens bewiesenen Willen, den jeweils

6 Die Mutter, Lina (Karolina Bettina) Frisch, geb. Wildermuth (1875–1966)

Am 1. Dezember 1910 wird in der Schweiz eine Volkszählung durchgeführt. Von den rund 3,7 Mio. erfaßten Personen sind 14,7 % Ausländer, in der Hauptsache aus Deutschland (40 %) und Italien (37 %) eingewandert. In großen Städten wie Zürich und Bern beträgt der Ausländeranteil 30 %. Bei den Wahlen im Jahr 1911 verbuchen die Sozialdemokraten deutliche Stimmengewinne – die Einrichtung eines neuen Wahlkreises in Zürich hat mit dazu beigetragen. Eines der Wahlkampfthemen war die Teuerung, v. a. der Anstieg der Wohnungsmieten und der Milch- und Fleischpreise. 1912 kommt es zum Generalstreik der Züricher Arbeiter.

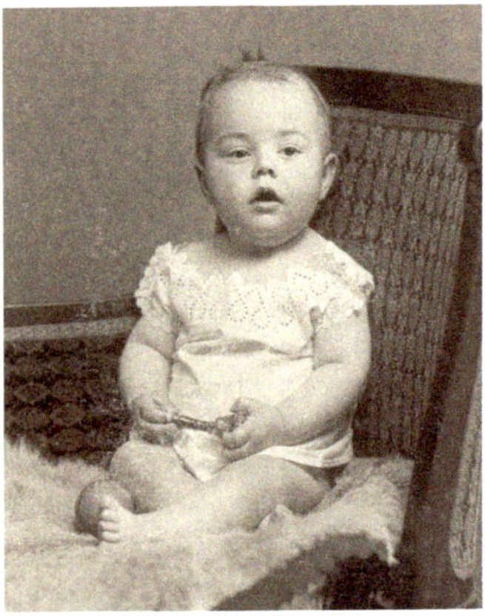

7 Der Einjährige

selbstgestellten Forderungen zu genügen. Nichts charakterisiert Frisch mehr als seine Angst vor »Versteinerungen« bzw. seine Bereitschaft, alle erdenklichen Mühen auf sich zu nehmen, um jeder Verknöcherung entgegentreten zu können.

Frisch wurde am 15. Mai 1911 in Zürich geboren. Die Eltern lebten im Stadtteil Hottingen in der Heliosstraße 31, einem eher einfachen Wohnviertel. Das Leben der Familie war in hohem Maß von Haushaltssorgen geprägt. Der Vater, der sich autodidaktisch zum Architekten ausgebildet hatte, suchte den Kindern eine solide Schul- und Ausbildung zu sichern – »es ist der Ehrgeiz von Vater und Mutter, daß wir Akademiker werden, Studium nach eigener Wahl« (VI, 730). Eine wohlversorgte bürgerliche Existenz für sich und seine Familie aufzubauen, gelang ihm allerdings nur bedingt. Es reichte offenbar an allen Ecken und Enden nicht. Die Situation verschärfte sich, als der Vater während des Ersten Weltkriegs arbeitslos wurde und die Familie mehr oder weniger erfolgreich als kleiner Makler durchbringen mußte. Weder waren immer genügend Mittel für den münzbetriebenen Gasautomaten vorhanden, der zum Kochen vonnöten war, noch gestaltete sich die Versorgung mit dem Lebensnotwendigsten als unproblematisch. »Der grüne Gas-Automat in der Diele, die Mutter muß immer einen Zwanziger einwerfen, damit am Herd die Flamme kommt, und dann ist das Gas plötzlich

**Politischer Umbruch um die Jahrhundertwende**: Allein zwischen 1888 und 1910 sank der Anteil der ländlichen Bevölkerung von 41 % auf 29 %. Viele Schweizer emigrierten nach Amerika. Andere suchten ihr Glück in den Städten. 1880 lebten in Zürich 55 000 Menschen, mit Eingemeindungen waren es 1900 etwa 150 000, 1910 bereits ca. 190 000. Der Prozeß der Verstädterung führte zu innenpolitischen Spannungen, die der Erste Weltkrieg drastisch verstärkte. Die Lebenshaltungskosten haben sich 1918 gegenüber 1914 mehr als verdoppelt, die Zahl der Notstandsberechtigten erreichte im Juni 1918 mit 692 000 den Höchststand.

Wir hatten Kartoffeln im Keller. Auch die braunen Briketts, die ich aus dem Keller holte, reichten vorerst, wenn man nur die Wohnstube heizte. Meine Mutter, die sich dabei entsetzlich schämte als Tochter einer Familie Schulthess von Basel, stand Schmiere, wenn ich über Zäune kletterte, um Fallobst zu sammeln … Eicheln zu sammeln im Wald … machte mir mehr Spass als der Eichel-Kaffee. *›Schweiz ohne Armee. Ein Palaver‹, in: SchaH, 540*

wieder weg, und es braucht viele Zwanziger, wenn etwas lang kochen muß; da hilft es nichts, daß der Vater, wenn er spät in der Nacht heimkommt, vielleicht noch einen Zwanziger in der Tasche haben wird. Das städtische Gaswerk gibt uns keinen Kredit. Seit wann weiß ich, was Geld ist? Der grüne Gas-Automat hat mich gelehrt: Was wir uns nicht leisten können, das kommt uns nicht zu.« (VI, Mon, 730)

Die mit dem Ersten Weltkrieg aufkommende wirtschaftliche Not verschärft in der neutralen Schweiz die innenpolitischen Spannungen zwischen konservativ-liberalen und linken Kräften. Vor dem Hintergrund der weltpolitischen Großlage und im Zuge der Mobilisierung sogenannter »fortschrittlicher« Kräfte anläßlich eines Generalstreiks der Schweizer Arbeiter im Jahr 1918 gelingt es den Sozialdemokraten bei den Wahlen im Jahr 1919, einen teils als Sensation, teils als Bedrohung begriffenen politischen Umbruch herbeizuführen. Katholisch-Konservative

8 Kartoffelküche in Zürich 1918

9 Franz Bruno Frisch (1871–1932)

(KK, 21 %) und Sozialdemokraten (23,5 %) brechen die bis dahin absolute Mehrheit der regierenden Freisinnigen, jener Schweizer Partei, die über Jahrzehnte hinweg das konservativ-liberale und zuweilen stark nationalistisch gefärbte Klima des Landes maßgeblich geprägt hatte.

Frischs Vater, Franz Bruno Frisch, ist konservativ eingestellt und voller Verachtung für die Kommunisten. Angesichts des Generalstreiks von 1918 wettert er »gegen den roten Mob«. Während der nur einige Jahre ältere, 1907 geborene Wolfgang Koeppen bei seinem Onkel täglich einer ganzen Reihe »sehr aufregender Zeitungen« (u. a. ›Kreuz-Zeitung‹, ›Berliner Tageblatt‹, ›Königsberger Hartungsche Zeitung‹, ›Vorwärts‹) entgegenfiebert und das Geschehen rund um die Russische Revolution und die weltpolitischen Umbrüche sehr bewußt verfolgt, hegte man im Hause Frisch kaum wirkliches Interesse am Weltgeschehen.

Der Sechzigjährige hat diese Zeit in das Gewand einer fiktiven psychoanalytischen Sitzung gekleidet und so aufzuzeigen versucht, was der damals Siebenjährige mehr unbewußt als bewußt miterlebt hatte: »Ein Psychiater-Sessel: … man entspannt sich mit Ergebnis – ich habe also verdrängt: … Generalstreik 1918. (Studenten mit Couleur-Mütze als Straßenbahnführer, dahinter Soldaten mit Helm und aufgepflanztem Bajonett, die den Streikbrecher beschützen.) … Kriegskinder aus Wien. (Ich spielte lieber mit ihnen, sie wußten andere Spiele, aber es ging nur

Wenn dem Vater aber ein Geschäft gelungen ist, eine Liegenschaftsvermittlung, so mag er nicht bloß Schulden zahlen, er liebt Gesten: eine goldene Brosche für die Mutter! Er versteht sich nicht aufs Sparen, so müssen wir es lernen. Ich erinnere mich an die Sensation, daß man Kaffee machen kann aus Eicheln. Mein Bruder bekommt eine Geige, das finde ich in Ordnung: er ist musikalisch und älter.

*VI, Mon, 730*

10 Max Frisch (zweiter von links) mit Spielkameraden, um 1918

heimlich, und als ich ertappt wurde, war es eine Schmach; ich war ein Abtrünniger.) ... Lenin. (Das schmale Männchen, das im Nachbarhaus ein und aus ging; mein Vater sagte, der wolle alles in dieser Welt kaputtmachen.)« (Mon, VI, 340f.)

Aber weder die politischen Ansichten des Vaters noch die des Sohnes Max führten in späteren Jahren offen ausgetragene familiäre Auseinandersetzungen herbei. Konflikte aus dieser Zeit, die Max Frisch in seinem späteren Leben nachhaltig beschäftigt hätten, sind nicht bekannt. Frisch selbst konstatierte gar wörtlich »eine Nicht-Beziehung« zum Vater. »Ich rede ... nie von meinem Vater. Dabei ist nicht etwa etwas Fürchterliches zu überdecken. Es ist von meiner Seite eine Gefühlslücke«, meinte der Siebzigjährige in einem Interview. Auf der anderen Seite hat Frisch ihn nicht ohne Achtung als »Selfmademan« charakterisiert. Betrachtet man die wenigen Fotografien, die vom Vater vorliegen, so scheint Frisch hier eine Art typologisierendes ›Eti-

**Geschwister:** Aus erster Ehe des Vaters stammt die zwölf Jahre ältere Halbschwester Emma Elisabeth. Der Bruder, der wie der Vater die Vornamen Franz Bruno trägt, ist acht Jahre älter: »Der Bruder war schon pubertär, als ich noch ein Kind war, dann, als ich aufs Gymnasium ging, war er schon Student [der Chemie, promoviert und lebte dann in Basel, wo er als leitender Ingenieur bei Sandoz arbeitet]. Er wußte immer mehr, war immer diesen Sprung voraus, der stimulierend ist. Große Spannungen ... gab es nicht. Das lag an ihm, weil er ein milder toleranter Mensch war. Er hat ein bißchen den Vater ersetzt.« (Volker Hage, 1997, 13f.)

kett‹ ins Spiel zu bringen. Man sieht einen Mann, der seinen Eigenschaften nach an Frisch selbst erinnert, beispielsweise präferierte der Vater eine gewisse Abschottung nach außen, hegte einen starken Ehrgeiz, wollte sich seinen eigenen Weg suchen und sich nicht einfach den Verhältnissen ergeben. Daß Frisch später beruflich zeitweilig in die Fußstapfen des Vaters trat und ebenfalls Architekt wurde, dokumentiert doch einen gewissen Respekt für den Vater und spricht für dessen offenkundige Bedeutung, auch wenn, wie der Begriff »Gefühlslücke« zeigt, eine unmittelbare und starke emotionale Beziehung zwischen den beiden nicht vorhanden war.

Das Verhältnis zur Mutter hingegen war von großer Nähe geprägt. Frisch bezeichnete die Mutter später einmal als »Ikone«. Ihr Jugendbildnis begleitete ihn während seines gesamten Lebens, in jedem seiner zahlreichen Quartiere erhielt es einen besonderen Platz. Allerdings bedeutete eine solche Kennzeichnung immer auch Ferne, Entrückung, schaffte Distanz. Ganz im zeittypischen Ton der dreißiger Jahre schrieb der junge Mann von seiner ersten großen Auslandsreise an »mein liebes mutterli« oder auch an »mein herzliebstes mutterli«. »schau, ich habe es hier stets erlebt, wie eng wir zusammengehören: wenn ich etwas schönes sehe und wenn ich glücklich bin, ertappe ich mich oft, wie ich dann an mein mutti denke und ihm von dieser schönheit geben möchte« (BmM, 42), bekannte der Zweiundzwanzigjährige – Erich Kästner läßt grüßen.

Für den kleinen Max – im Familienkreis nannte man ihn bis ins frühe Mannesalter auch Mäxelein oder Mägi – war der Umgang mit der Mutter stets mit einem Hauch von Abenteuer verbunden. Denn in ihrer Jugend hatte sie als Kindermädchen Anstellungen in Wien, Berlin und Odessa annehmen müssen. Nur Weniges sei ihm in Kinderzeiten schöner erschienen, als den Geschichten aus einer fremden Welt zu lauschen, berichtete er. »Wie sie von den

**Angst ein Außenseiter zu sein:** ... ein Tunnel der Kanalisation ...: hier stehe ich gebückt, ein Knirps, barfuß im stinkigen Abwasser, erschreckt schon durch den Hall der eigenen Stimme, und dann dieser andere Hall, wenn sie, die Bande da oben, die deinen Mut prüft, durch einen Schacht hinunter pfeift in die hohle Stille, diese Schreckensstille zwischen einzelnen Tropfen, in der Ferne das viel zu kleine Loch mit Tageslicht – Angst also auch, Überwindung der Angst um der Zugehörigkeit willen: lieber durch die Scheißwässer waten als im Quartier ein Außenseiter sein. *VI, 510*

11 Die Mutter mit den Söhnen Max und Franz, um 1922

Wölfen erzählt hat!« – und die Krönung: »Wenn man krank war, durfte man das russische Album anschauen.« Rußland blieb für den Jungen lange Zeit das Märchenland überhaupt, und selbstredend wird er das Schwarze Meer, von dem seine Mutter ebenfalls so geschwärmt hatte, bei seiner ersten Auslandsreise aufsuchen.

Wie viele Kinder seines Alters war Max nur selten in die Lektüre von Büchern vertieft, ob ›Winnetou‹ oder die ›Schatzinsel‹: Derlei interessierte ihn nicht: »Ich weiß nicht, warum ich von allen Kameraden der einzige war, der nie einen Karl May las; eigentlich auch keine anderen Bücher; außer Don Quixote und Onkel Toms Hütte, die mir unsäglich gefielen, aber genügten.« Seine ganze Liebe gehörte dem Fußball. Der Mannschaft der Grashopper Zürich gelang es in diesen Jahren immer wieder, den Pokal zu erringen. Fußball faszinierte die meisten Jungen dieser Stadt, allemal ein Kind wie den kleinen Max, der sich zudem davor

**Heimatgefühle?** … ist Heimat der Bezirk, wo wir als Kind und als Schüler die ersten Erfahrungen machen mit der Umwelt, der natürlichen und der gesellschaftlichen; ist Heimat infolgedessen der Bezirk, wo wir durch unbewußte Anpassung (oft bis zum Selbstverlust in frühen Jahren) zur Illusion gelangen, hier sei die Welt nicht fremd, so ist Heimat ein Problem der Identität, d.h. ein Dilemma zwischen Fremdheit im Bezirk, dem wir zugeboren sind, oder Selbstentfremdung durch Anpassung. Das letztere (es gilt für die große Mehrheit) braucht Kompensation. *›Die Schweiz als Heimat?‹, VI, 515*

fürchtete, als Außenseiter zu gelten. Und so überrascht auch der Berufswunsch des Jungen nicht: Er möchte Torwart werden.

Der Bruder hatte weniger sportliche Ambitionen, schon früh interessierte sich der acht Jahre ältere und im Gegensatz zu Max auch musikalisch begabte Franz Bruno für alles, was mit Chemie zu tun hat. Insbesondere an verregneten Sonntagnachmittagen »beglückte« er die Familie in der Küche mit »stinkenden Zaubereien«: »Ein Buch auf dem Fenstersims, Retorten mit gelben Dämpfen, Bunsenbrenner, Röhren wie gläserne Gedärme, hin und wieder ein Knall, gewollt oder ungewollt, das waren so die Sonntagnachmittage, die regnerischen, wenn man unmöglich Fußball spielen konnte.« (Tgb I, II, 584)

Was die Kindheit der Geschwister allerdings überschattete, waren die ewigen Geldsorgen und »die stete Angst meiner Mutter vor der Pfändung«. Schon der Kauf von Lehrbüchern, eines Lineals oder Zirkels bereitete den Eltern mitunter Kummer.

Mit dem Übertritt ins kantonale Realgymnasium Zürichberg (1924–1930) kam es zu entscheidenden Veränderungen. Wiewohl Frisch rückblickend erklärte, er habe »keine intensive Erinnerung an diese Mittelschulzeit, also auch nicht die, daß es ein Schrekken war« (GmA, 10) – die neuen Freunde und nicht zuletzt die Lektüre-Erfahrungen des Deutschunterrichts, den er ebenso schätzte wie alles, was mit Zeichnen zu tun hatte, trugen dazu bei, das Interesse vom Fußball auf die Literatur, insbesondere das Theater und das Verfassen eigener Stücke zu lenken. Eine Initialwirkung hatte der Besuch einer Züricher Aufführung von Schillers ›Räubern‹. Der Junge war so begeistert, daß er nicht begriff, »wieso Menschen, Erwachsene, die genug Taschengeld haben und keine Schulaufgaben, nicht jeden Abend im Theater verbringen. Das war es doch, das Leben.« (Tgb I, II, 584)

Sein eigenes Leben war nun für einige Jahre vom Wunsch bestimmt, eigene Stücke zu schreiben und, vor allem, sie aufgeführt

12 Bertolt Brechts ›Trommeln in der Nacht‹, Szenenbild der Uraufführung am 29. November 1922 in den Kammerspielen München

zu sehen. So entstand innerhalb weniger Monate das Stück ›Stahl‹, das er einem höchst exklusiven Adressaten zusandte: Max Reinhardt, Deutsches Theater, Berlin. Handlung und Motive des später vernichteten Stücks waren offenkundig stark expressionistisch geprägt, es »spielte auf dem nächtlichen Dach eines Hochhauses, am Ende rauchte es aus allen Fenstern der Großstadt, ein gelblicher Rauch wie aus Retorten, und der Held, nobel wie er war, hatte keinen anderen Ausweg als den Sprung in die Tiefe.« (Tgb I, II, 585) Das Stück schrieb er heimlich auf einer gemieteten Schreibmaschine auf dem Dachboden. Die Familie reagierte »schonungsvoll lächelnd«, als nach sieben Wochen eine freundliche Absage eintraf, »eine Einladung, spätere Arbeiten einzusenden, blieb das einzige, was ich der ... Familie entgegenzuhalten hatte.« Doch so schnell gab der Sechzehnjährige nicht auf. Er schrieb weiter. Unter dem Eindruck der Lektüre Ibsens entsteht eine Ehekomödie (»... ich hatte noch nie ein Mädchen geküßt«), und, wohl beeinflußt durch futuristische und dadaistische Positionen, eine Farce über die Eroberung des Mondes. Keiner dieser frühen Texte blieb erhalten.

Auf dem Gymnasium schloß Frisch Freundschaft mit einem Jungen, der für seinen weiteren Lebensweg maßgebliche Bedeutung gewinnen sollte. Die Rede ist von Werner Coninx. Aus sehr vermögendem und insbesondere gebildetem Hause – dem Vater gehörte u. a. ein bedeutendes Verlagshaus und der ›Tages-Anzeiger‹ –, eröffnete Werner Coninx dem jungen Max Frisch Einblicke in ein von finanziellen Nöten freies Leben, in dem die umfassende intellektuelle Förderung so frühzeitig einsetzte, daß schon der Heranwachsende souveräne Urteile in den Bereichen Philosophie, Kunst, Musik und Literatur zu fällen vermochte. Frisch bewunderte den Kameraden, »ich staunte, was sein Hirn alles denken kann«. Dessen großes Selbstbewußtsein, die Fähigkeit zur Differenzierung wie der Wille, dem großbürgerlichen

**Expressionistisches Theater**: Carl Sternheim, ›Die Hose‹ (1911), ›Die Kassette‹ (1911), Walter Hasenclever, ›Der Sohn‹ (1914), Georg Kaiser, ›Von morgens bis mitternachts‹ (1916), ›Gas I‹ (1918), ›Gas II‹ (1920), Ernst Toller, ›Masse Mensch‹ (1920), Bertolt Brecht, ›Trommeln in der Nacht‹ (1922).

Die expressionistische Bewegung erfährt durch den Ersten Weltkrieg bzw. durch die damit verbundenen desillusionierenden Erfahrungen entscheidende Impulse. Nicht nur das Theater, auch Lyrik, Musik und Malerei erleben bedeutende Neuerungen z. B. durch G. Benn, P. Hindemith, O. Kokoschka, M. Beckmann u. v. a.

Lebensstil nur bedingt zu genügen bzw. den Reichtum der Eltern niemals zur Schau zu tragen, das beeindruckte Frisch nachhaltig. Durch ihn »hörte ich zum ersten Mal von Nietzsche, von Oswald Spengler, von Schopenhauer … Abende lang spielte er mir Platten von Bach, von Mozart, von Anton Bruckner und von anderen … [Mon, VI, 636f.] Durch ihn kam ich zu Caspar David Friedrich, zu Corot, später auch zu Picasso und zu afrikanischen Masken; dabei war er keineswegs lehrerhaft.« (Mon, VI, 638f.) Coninx, so jedenfalls erlebte es der junge Frisch, war in dieser Freundschaft in jeder Hinsicht der Überlegene. Auch körperlich übertraf er Max in allen Bereichen. Beim Tennisspielen, das er ihm beibrachte, beim Skilaufen, beim Ersteigen der Engadiner Berge, durchweg war eine erdrückende, wenn auch nie gegen ihn ausgespielte Überlegenheit zu konstatieren. Das selbstkritische Resümee, das Frisch sehr viel später hinsichtlich dieser Freundschaft zog, klingt vordergründig wie eine Anklage. Es ist aber wohl eher ein resignierendes Statement über die Unfähigkeit zum eigenen Urteil, das der Heranwachsende über seine »einzige Freundschaft in dieser Zeit« fällte: »Ich meine, daß die Freundschaft mit W. für mich ein fundamentales Unheil gewesen ist und daß W. nichts dafür kann. Hätte ich mich ihm weniger unterworfen, es wäre ergiebiger gewesen, auch für ihn.« (VI, 649)

13 Werner Coninx, um 1943

**Kindheitserinnerung an die Lektüre von Theaterstücken:**
Das Ereignis war das Theater: dieses leibhaftige Jetzt … ich lag zuhause auf dem Boden, während das Stück wieder und wieder gespielt wurde, das Reclam-Buch vor mir und dazu eine Uhr, um abzuschätzen, wie weit sie jetzt im Theater sind: um meine Erschütterung zu synchronisieren. Ich las nicht eben viel, Romane kaum, Gedichte schon lieber: die haben, wenn man sie auswendig kann, auch dieses Jetzt-und-Hier.

*Schillerpreis-Rede (1965), V, 363*

# »Beruf soll nicht Zwangsjacke sein«

Nach dem Abitur, in den Augen des jungen Frisch leider das einzige, das die Welt offenbar im Hinblick auf seine Person anzuerkennen bereit ist, besucht er im Frühjahr 1931 die Rekrutenschule in Thun. Man versucht ihn für die Offizierslaufbahn zu gewinnen, doch er lehnt ab. Seine Pläne zielen in eine ganz andere Richtung, eine profane, durch und durch bürgerliche Existenz ist darin nicht vorgesehen. Er möchte schreiben, Dichter sein und die bereits gesammelten Erfahrungen im Verfassen von Stücken vertiefen, gewissermaßen das Handwerk lernen.

Als er sich zum Wintersemester 1930/1931 an der Eidgenössischen Hochschule in Zürich als Student der Germanistik eingeschrieben hatte, entsprach er damit zunächst einmal dem Wunsch der Eltern, die sich für ihren Sohn eine akademische Laufbahn wünschten. Doch wird ihm bereits nach kurzer Zeit klar, daß das Studium nichts anderes als eine Verlegenheitslösung darstellt. Zwischen der angestrebten dichterischen Existenz und dem akademischen Tagesgeschäft, wie es ihm in den Seminar- und Hörsälen begegnet, liegen Welten. Sehr schnell zeichnet sich ab, daß er hier keineswegs die erhoffte solide Ausbildung erhält. Künftigen Dichtern handwerkliches Rüstzeug zu vermitteln, ist im Lehrplan der mit einem illustren Lehrkörper glänzenden Universität Zürich nicht vorgesehen. Nichtsdestotrotz gehören der germanistischen Fakultät u.a. auch einige hochkarätige Professoren und Dozenten an, die Frischs Werdegang in den kommenden Jahren nachhaltig beeinflussen.

An erster Stelle ist hier zunächst Robert Faesi zu nennen. Bei ihm belegt Frisch in den folgenden Semestern regelmäßig Vor-

14 Die Universität Zürich

lesungen, u.a. über Friedrich Nietzsche (WS 1930/1931), moderne deutsche Dichtung, Gerhart Hauptmann (SS 1931), auch über Hebbel und Ibsen (WS 1931/1932), den deutschen Roman, Gottfried Keller (SS 1932) und den Realismus (WS 1932/1933). Faesi verfügt über gute Kontakte zu Verlagen und zum Feuilletonchef der ›Neuen Zürcher Zeitung‹ (NZZ) Eduard Korrodi. So eröffnet sich Frisch im Verlauf seiner gerade erst beginnenden Karriere nicht nur die Möglichkeit, journalistisch zu arbeiten, sondern auch in der Deutschen Verlags-Anstalt (DVA) in Stuttgart zu veröffentlichen.

Des weiteren hört Frisch beim Romanisten Theophil Spoerri, u.a. über Petrarca und Dante (»Noch kaum habe ich soviel Eigenartiges, Überdenkenswertes, Anregendes und Aufrüttelndes über unsere Gegenwart [sic!] vernommen wie in diesen Vorlesungen: über das Mittelalter Petrarcas und Dantes.«), und bei Walter Muschg. Mit seinen gerade einmal 33 Jahren vermittelt dieser Literatur in ganz anderer Weise als seine älteren, weit konservativer eingestellten Kollegen. Frisch ist beeindruckt und schätzt den Literaturenthusiasten: »Oh wären es doch alle, welche diesen Titel tragen: Professoren, das heißt: Bekenner! Er ist es! Wir haben ihn gern. Wir hangen an seinen Vorträgen«, heißt es über Muschg in seinem Beitrag ›Vivant Professores‹ für die ›Zürcher Illustrierte‹. Frisch besucht dessen Vorlesungen über Heinrich von Kleist, Jean Paul und die im WS 1933/1934 – angesichts des zeitpolitischen Kontexts – hochaktuelle Veranstaltung »Geschichtliche Dichtung«.

Soweit es die Nebenfächer betrifft, bringt Frisch seine an der Laufbahn des Schriftstellers ausgerichteten Interessen hier sehr viel deutlicher ins Spiel. Bestrebt, sich solide Kenntnisse in Bereichen anzueignen, die ihm für die anvisierte Schriftstellerlaufbahn unerläßlich erscheinen, entscheidet er sich etwa bewußt gegen die im germanistischen Lehrplan vorgesehenen Veranstaltungen

---

**Robert Faesi** (1883–1972), Professor für neuere und schweizerische Literatur an der Universität Zürich, war selbst als Schriftsteller tätig. Gemeinsam mit Eduard Korrodi, dem langjährigen Redakteur und Feuilletonchef der ›Neuen Zürcher Zeitung‹, prägte er die Literaturlandschaft der Schweiz in der Zeit zwischen den beiden Weltkriegen mit. Einige seiner literarischen Arbeiten, z.B. seine Novelle ›Füselier Wipf‹ (1917), waren ausgesprochen erfolgreich. Demokratischen Ideen gegenüber hegte er Skepsis und unterstützte ultrakonservative Kräfte wie Otto von Greyerz, Philippe Godet und Gonzague de Reynold.

15 Der Zwanzigjährige, 1931

zur Linguistik. Statt dessen belegt er Forensische Psychologie bei Georg Franz von Cleric. Dieser bewege sich, so Frisch, »näher am lebendigen Geheimnis«, da er »die menschliche Existenz ... im Brennspiegel ihrer verbrecherischen Verzerrung« zeige. Ebenso hört er auch bei einigen ›Jahrhundertköpfen‹: bei C. G. Jung Psychologie, Kunstgeschichte bei Heinrich Wölfflin.

Das geistige Klima an der Züricher Universität ist insgesamt zutiefst konservativ. Einige Vertreter des Lehrkörpers hegen gar eine gewisse Sympathie für die totalitären Ideen Mussolinis oder Hitlers. Der Literaturwissenschaftler Emil Ermatinger etwa, von Frisch persönlich nicht gerade geschätzt, steht keineswegs allein mit seiner nationalen, ständestaatlich orientierten hitlerfreundlichen Gesinnung. Der namhafte Geisteswissenschaftler war keine Person, die man einfach übergehen bzw. ignorieren konnte. Ermatingers Studie ›Das dichterische Kunstwerk. Studien der Urteilsbildung in der Literaturgeschichte‹ (1921) galt bis in die Zeit nach dem Zweiten Weltkrieg als Standardwerk – ebenso wie seine 1933 erschienene, in einigen Punkten höchst umstrittene Arbeit zu ›Dichtung und Geistesleben der deutschen Schweiz‹. Ermatingers Sympathien für den Nationalsozialismus stehen außer Frage; beispielsweise unterzeichnete er im Jahr 1935 aus Anlaß des Jubiläums der Goethe-Gesellschaft ein »Huldigungstelegramm« an Adolf Hitler.

---

**Walter Muschg** (1898–1965), älterer Halbbruder von Adolf Muschg (geb. 1934). Zunächst als Dozent an der Universität Zürich tätig, wurde er später an die Universität Basel berufen. Werke u. a.: ›Psychoanalyse und Literaturwissenschaft‹ (1929/30), ›Gotthelf. Die Geheimnisse des Erzählers‹ (1931), ›Tragische Literaturgeschichte‹ (1948/1953). In der von Muschg im Baseler Verlag Benno Schwabe herausgegebenen Reihe ›Sammlung Klosterberg‹ erscheinen in den unmittelbaren Nachkriegsjahren (1946–1949) die ersten vier Stücke von Frisch: ›Nun singen sie wieder‹, ›Santa Cruz‹, ›Die Chinesische Mauer‹ und ›Als der Krieg zu Ende war‹.

16 Emil Staiger (1908–1987), um 1941

Auch mancher von Frischs Kommilitonen verspürte offenbar weniger Berührungsängste mit rechtslastigem Gedankengut als Frisch. Der 1943 als Professor an die Züricher Universität berufene Emil Staiger, mit dem Frisch zeitweilig eng befreundet war (und deren Freundschaft erst 30 Jahre später im Zuge des legendären Züricher Literaturstreits [1966] von Frisch aufgekündigt wird), ist nicht nur ein brillanter Kopf, sondern auch, wie es scheint, in mancherlei Hinsicht ›anpassungsfähig‹. Zwischen 1933 und 1934 ist er Mitglied der als profaschistisch geltenden »Nationalen Front«.

Frisch hingegen erweckt in diesen Jahren in allen politischen Dingen einen ausgesprochen unbedarften Eindruck. Der Überzeugung vieler seiner Lehrer und Förderer folgend – insbesondere Robert Faesi ist hier zu nennen –, versteht er Literatur als einen Ort jenseits der Ideologien. Das Literarische ist seiner Meinung nach dem politischen Tagesgeschäft enthoben und seinem Wesen nach apolitisch. Auch wenn bereits in allen frühen Texten Frischs deutlich wird, daß hier ein bemerkenswert scharfer Beobachter agiert – zunächst profiliert er sich als jemand, dem vorrangig die *condition humaine* am Herzen liegt. Er nimmt die Menschen bzw. deren besondere Probleme und Eigenarten in einer dem Zeitgeist der dreißiger Jahre entsprechenden, nicht

**Züricher Literaturstreit:** Die Kontroverse über eine auf den ersten Blick unspektakuläre Dankesrede von Emil Staiger anläßlich einer Preisverleihung eskaliert in den folgenden Monaten zum historisch bedeutsamsten Literaturstreit der sechziger Jahre. Die sehr emotional geführte Diskussion über das Literaturverständnis Staigers, demzufolge »moderne Literatur« v. a. durch ein Interesse für gesellschaftliche Randgruppen charakterisiert sei, polarisiert die literarische Welt in ein konservatives und ein fortschrittliches Lager und ist ohne die Politisierung der Kulturdebatte in den sechziger Jahren nicht zu verstehen (vgl. auch V, 455ff.).

selten ironisch gebrochenen Weise in den Blick. Betrachtet man die seit 1932 entstandenen Feuilletonbeiträge, etwa ›Er liebt die Greta Garbo‹ oder ›Frohe Festtage: hinter dem Schalter gesehen‹, fühlt man sich unweigerlich an die Kinofilme und Schlager dieser Jahre erinnert.

Daß Frisch sich so ungemein für alles interessiert, was mit Psychologie zu tun hat, resultiert nicht zuletzt aus eigenen psychischen Problemen. An erster Stelle sind dies Minderwertigkeitsgefühle, Versagensängste und ein Hang zu depressiven Stimmungen. Auf der anderen Seite begegnet ein lebenslustiger, geselliger und nicht selten auch ausgesprochen selbstbewußt auftretender Max Frisch. Er liebt ausgedehnte Wanderungen (häufig ist er zusammen mit der Mutter oder Freunden unterwegs), macht immer wieder auch längere Bergtouren, für ihn erklärtermaßen das beste Mittel gegen seelische Verstimmungen. Für Gesellschaftsspiele wie Mensch-ärgere-dich-nicht oder Halma vermag er sich ebenso zu begeistern wie fürs Schlittschuh- und Skilaufen oder das Tennisspiel.

Frischs spätere Verlobte Käte Rubensohn, die ihrer jüdischen Abstammung wegen von Berlin an die Universität Zürich gekommen war, erinnert sich an eine Szene in einem Seminar bei Professor Faesi, die Frischs selbstbewußte Seite besonders anschaulich ins Bild rückt. Faesi ermuntert seine Studenten zur Beschäftigung mit einem ›Der Blumenelf‹ betitelten Gedicht; der Verfasser bleibt absichtlich ungenannt. Zunächst kommt es zu einem freundlichen Geplänkel zwischen Rubensohn und Faesi, als sich ein neben Käte Rubensohn sitzender junger Mann ungefragt einmischt und erklärt: »›Um das Gespräch auf eine ernstere Basis zurückzuführen …‹ Ich riß die Augen auf ob soviel Dreistigkeit, jener aber fuhr fort: ›Einem bereits poetischen Gegenstand, der Blume, wird ein weiterer, der Elf, aufgepfropft. Das ist in meinen Augen Kitsch.‹ Das leuchtete mir ganz enorm ein und Professor Faesie auch …

Die Nationale Front verbanden … nicht wenige … Gemeinsamkeiten mit angestammten rechtsbürgerlichen Parteien. Erinnert sei an die Listenverbindung des Zürcher Freisinns mit der Nationalen Front … Letztlich verhielt sich Staiger zu Macht und institutionalisierter Politik wie viele Geisteswissenschaftler der Zeit. Man überliess das Politische den herrschenden Politikern, bildete höchstens träge Vorstellungen, … war in Krisenzeiten aber anfällig auf faschistoide Gruppierungen, die mit handfesten Methoden neues Leben jenseits herkömmlicher parlamentarischer Politroutine versprachen. *J. Schütt (1996), 57f.*

Es stellte sich zum Schluß heraus, daß das Gedicht von Gottfried Keller war ... Der kecke junge Mann hatte einen runden dicken Kopf, ein gleichfalls rundliches Gesicht, die Augenlider konnte er nicht ganz gut öffnen, er trug einen hellgrauen Flanellanzug, keine Krawatte, weiße Schuhe und hieß Max Frisch.«

Frisch selbst erinnert sich an die Studienjahre als eine sonderbare Zeit, die er nicht nur in den Hörsälen, sondern »fast ebenso angeregt in den Gängen verbrachte, immer erwartungsvoll, einsam, voreilig im Urteil, unsicher, meistens in eine heimliche Liebe verstrickt, wovon die Geliebte nichts wußte. Gedichte gelangen nie. Die reine Philosophie, mit wirklicher Inbrunst befragt, offenbarte mir nur den eignen Mangel an Denkkraft ... Das zunehmende Gefühl aber, daß alles Gehörte ohne gemeinsame Mitte ist«, so lautet Frischs Quintessenz, »das warenhaushafte Nebeneinander, das sich Universität nennt, all dies mochte ein durchaus wirkliches Gefühl sein, vielleicht sogar Erkenntnis; zugleich diente es aber auch als willkommene Ausrede für das eigne wissenschaftliche Unvermögen.« (Tgb I, II, 586)

Die studentische Existenz faßt er als »Scheinleben«: »Jedermann kennt diese Scheinmännlein, die bloß die Kleider von richtigen Männern tragen und alles durch eine Scheibe sehen und dennoch alles Vorübergehende lächelnd beurteilen und verurteilen, ohne daß sie je selber draussen gewesen wären« (zit. nach BmM, 305). Weit entfernt vom »wirklichen« Leben, so erfährt sich Frisch in dieser Zeit. »Oft denke ich mir das Studium wie eine Brücke. Wir bauen auf ein sicheres Ufer hin und vertrauen auf unseren Bau und kümmern uns spärlich um das, was wir da eigentlich überbrücken. Es ist ein Ulk: in der Mitte bricht es, und man rutscht als Nichtschwimmer in den Fluß.« (Wbi, I, 18)

Als im März 1932 Frischs Vater unerwartet stirbt, ist dies ein Schock für die Familie. Zugleich verknüpft sich für Frisch mit diesem Ereignis eine grundsätzliche Entscheidung hinsichtlich

---

**Schweiz 1929–1932**

1929 Bei der Wahl des Bundesrats verbuchen rechtskonservative Kräfte einen deutlichen Erfolg; »Schwarzer Freitag«

1930 An der Universität Zürich wird die »Neue Front« gegründet, 1933 erweitert zum »Kampfbund Neue und Nationale Front«

1931 Die Wirtschaftskrise führt zu einem drastischen Anstieg der Arbeitslosenzahlen

1932 Im Zuge einer linksgerichteten Demonstration gegen die faschistische »Union National« in Genf kommt es zu massiven Übergriffen von Polizei und Militär – 12 Tote und 60 Verletzte

seiner beruflichen Zukunft. Er macht sich den durch Robert Faesi vermittelten Kontakt zu Eduard Korrodi zunutze, um die Möglichkeiten einer journalistischen Laufbahn auszuloten. Den Ausschlag mögen vorrangig finanzielle Erwägungen gegeben haben, die Sehnsucht nach einem »wirklichkeitsnäheren« Leben spielte hier allenfalls eine untergeordnete Rolle. Denn der Tod des Vaters hatte die Familie insofern in eine heikle Situation gebracht, als man sich unvermittelt einem drückenden Schuldenberg gegenüber sah.

Obwohl sich Frischs älterer Bruder, mittlerweile verheiratet und einen eigenen Haushalt führend, bereit erklärt, den Schuldenberg Stück für Stück abzutragen, ist damit nur ein Teil des Problems gelöst. Auch Max Frisch und seine Mutter müssen sich einschränken. Nur zweimal erhält er von der Universität ein Stipendium in Höhe von 800 SFr. Um Miete zu sparen, gibt man die alte Wohnung auf und zieht zusammen mit einer nicht sonderlich geliebten Tante in eine Wohnung in der Seestraße 82. Nicht zuletzt aus dieser Situation erklären sich Frischs damalige überaus intensive Bemühungen, Beiträge in den deutschsprachigen Feuilletons unterzubringen. Seine erste Veröffentlichung – quasi sein Gesellenstück – findet sich am 27. Mai 1931 in der NZZ. Der unter dem Titel ›Mimische Partitur‹ veröffentlichte Beitrag handelt von einer Theaterkunst-Ausstellung, in Frischs Augen eine gründlich mißglückte Unternehmung. Den eigentlichen Auftakt seiner mehrjährigen freiberuflichen journalistischen Tätigkeit bildet allerdings der in autobiographischer Hinsicht höchst aufschlußreiche Text ›Was bin ich?‹ (April 1932).

In diesem kurzen, in zwei verschiedenen Zeitschriften (und in zwei voneinander abweichenden Fassungen) publizierten Text schildert Frisch Impressionen aus dem Leben eines jungen Studenten, der sich nach dem unerwarteten Tod seines Vaters auf Arbeitssuche begeben muß. Frisch gibt in diesem Beitrag – nicht

Am 1. Oktober 1933 feierte das von Erika Mann zusammen mit Therese Giehse gegründete **Kabarett »Pfeffermühle«** seine Schweizer Premiere im Züricher Gasthof »Hirschen«. Rechtsradikale versuchten immer wieder, die Vorstellungen zu sprengen. Texte lieferten u. a. Klaus Mann und Wolfgang Koeppen.

17 Erika Mann bei einer Vorstellung der »Pfeffermühle«

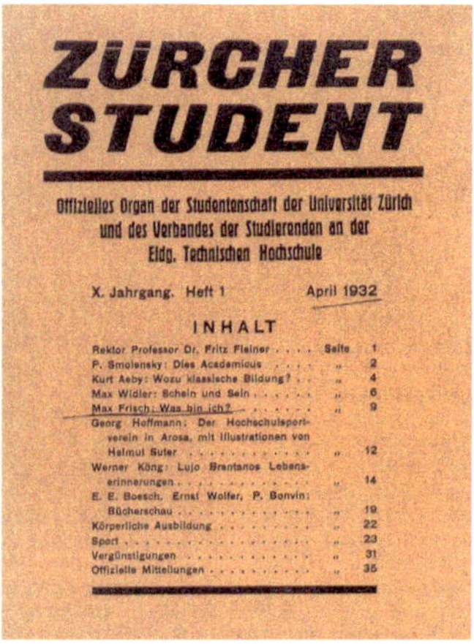

ZÜRCHER STUDENT

Offizielles Organ der Studentenschaft der Universität Zürich und des Verbandes der Studierenden an der Eidg. Technischen Hochschule

X. Jahrgang. Heft 1 April 1932

INHALT

Rektor Professor Dr. Fritz Fleiner . . . . Seite 1
P. Smolensky: Dies Academicus . . . . „ 2
Kurt Aeby: Wozu klassische Bildung? . . „ 4
Max Widler: Schein und Sein . . . . . . „ 6
Max Frisch: Was bin ich? . . . . . . . „ 9
Georg Hoffmann: Der Hochschulsportverein in Arosa, mit Illustrationen von Helmut Suter . . . . . . . . . . . . „ 12
Werner Küng: Lujo Brentanos Lebenserinnerungen . . . . . . . . . . . . „ 14
E. E. Boesch, Ernst Wolfer, P. Bonvin: Bücherschau . . . . . . . . . . . . „ 19
Körperliche Ausbildung . . . . . . . . „ 22
Sport . . . . . . . . . . . . . . . . „ 23
Vergünstigungen . . . . . . . . . . . „ 31
Offizielle Mitteilungen . . . . . . . . „ 35

18 ›Zürcher Student‹, April 1932

ohne Humor – den sich endlich der Wirklichkeit stellenden »ungelernten« Arbeitslosen: »Vergangene Woche ist mir der Vater gestorben. Ich habe Literatur und Journalistik studiert. Mein Studium muß ich unverzüglich abbrechen, um mich aus eigener Kraft durchzuschlagen, so gut das eben geht. Ich bin einundzwanzig. Illusionen mache ich mir … keine; aber ich vertraue auf meine journalistische Befähigung und habe auch Anerkennungen und Empfehlungen.« (Wbi, I, 11f.) Daß der junge Frisch tatsächlich so forsch und fordernd auftrat, wie hier in literarischer Form geschildert, läßt sich mit guten Gründen bezweifeln. Dem »Lebensgefühl« eines jungen, zum »öffentlichen« Schreiben entschlossenen Mannes verleiht er jedoch unzweifelhaft angemessenen Ausdruck: »Ich muß Brot verdienen; aber ich will mich nicht lebendig begraben. Da kenne ich Leute, die leben nur, um Geld zu verdienen; und das Geld verdienen sie, um leben zu können … Ein Witz. Ich will aus meinem Dasein nicht einen Witz machen. Beruf soll nicht Zwangsjacke sein, scheint mir, sondern Lebensinhalt.« (Wbi, I, 12)

Das Studium gibt er zwar noch nicht auf, belegt (bis zum SS 1934) auch weiterhin Kurse, doch steht nun das Ziel, sich selbst zu finanzieren, an erster Stelle. Frischs Arbeiten werden in der Hauptsache von der ›Neuen Zürcher Zeitung‹, der ›Zürcher Illustrierten‹, den ›Basler Nachrichten‹ und der ›Nationalzeitung

Sie haben studiert, sagen Sie? … vier Semester. Das eine Mal kommt mir das in einem Ton, als spräche ich von einem Vermögen. Und ein anderes Mal antworte ich kleinlaut, wie wenn sie mich vor Gericht fragen würden über ein Verbrechen. Diesen tollen Spielraum in den Stimmungen kannte ich schon als Student; seit ich arbeitslos bin, sind diese Schwankungen noch unsinniger geworden. Oft bedeuten meine Hoffnungen und Ansprüche lächerliche Überheblichkeiten und noch am selben Vormittag ebenso lächerliche Minderwertigkeiten. *Wbi, I, 17*

Was bist du eigentlich, Max. Wozu taugst du denn, Max? Kann man dich überhaupt brauchen auf dieser Welt, Max? *[Wbi, I, 14]* ... Fünfzehn Druckzeilen. Über dieses Schaufenster soll ich jetzt etwas schreiben. Ich stehe. Und im Glas steht mein Spiegelbild. Und Regen adert uns über Schirm und Schuh. Und wir lächeln einander durch die Scheibe. Max. Fangen wir an, Max. Teufel, könnte ich diese Scheibe einboxen und dich packen, Max, und dich erschlagen, Max! So lächle doch nicht immer ... *Wbi, I, 15*

Basel‹ sowie sporadisch auch in der ›Frankfurter Zeitung‹, der ›Kölnischen Zeitung‹ und dem in Zürich erscheinenden ›Tages Anzeiger‹ veröffentlicht.

Korrodi und Faesi, damals bereits seit über 20 Jahren miteinander befreundet, hatten schon gemeinsam den 1913 erschienenen Band ›Das poetische Zürich. Miniaturen aus dem 18. Jahrhundert‹ verfaßt. Korrodi war den Schweizern als Förderer junger Talente spätestens seit der von ihm verantworteten Anthologie ›Die junge Schweiz‹ (1919) ein Begriff. In der Zeit, als er den jungen Max Frisch unter seine Fittiche nahm, war er nichts weniger als eine Institution. Er sitzt in Gremien und prägt den sogenannten guten Geschmack in Sachen Literatur maßgeblich mit, sein Standpunkt weist deutlich konservative Züge auf. Gegen die seit der nationalsozialistischen Machtübernahme zunehmend bedeutsam werdende Exilliteratur vertritt er eine tendenziell abwertende Haltung. Und kein geringerer als Thomas Mann sah sich bereits im Jahr 1933 veranlaßt, Korrodis Eifer gegen Exilanten und deren Arbeiten (der politischen Implikationen dieser Haltung wegen) scharf anzugreifen. In seiner Funktion als Feuilletonleiter der ›Neuen Zürcher Zeitung‹ jedenfalls räumte Korrodi wichtigen Teilen der politischen Exilliteratur so gut wie keine Chancen ein. Ganz im Gegenteil – er suchte zu bekämpfen, was immer seinen Ansichten zuwiderlief. Ohne Rücksicht auf mögliche literarische Bedeutung und ungeachtet der mit seiner leiten-

**Eduard Korrodi** (1885–1955) prägte das Feuilleton der NZZ als dessen Leiter (1928–1950) über Jahrzehnte. Dabei ging es ihm um nichts weniger, als »den Kurs der Schweizer Literatur zu steuern, indem er Autoren auf bestimmte Themen ansetzte und den Jungen beizubringen trachtete, was als Literatur Gültigkeit habe« (Gustav Huonker). Als besonders förderungswürdig galten ihm einheimische Autoren wie Robert Walser, Karl Stamm, Cécil Lauber, Traugott Vogel, Albin Zollinger und Max Frisch.

Gustav Huonker: Literaturszene Zürich. Menschen, Geschichten und Bilder 1914 bis 1945. Zürich 1985

19 Eduard Korrodi, 1940

den Position einhergehenden Verantwortung verfocht er seine Linie.

Der junge Max Frisch zeigt während der dreißiger Jahre wenig Anteilnahme am Schicksal der aus Deutschland und anderen Ländern nach Zürich oder in die Schweiz Geflüchteten (wie etwa Thomas Mann, Alfred Döblin, Arthur Koestler, Ernst Toller, Ignazio Silone, Robert Musil u. v. a.). Frischs Texte, ob journalistischer oder literarischer Natur, machen deutlich, daß sich ihr Verfasser vieler brisanter Themen enthält, womöglich möchte der junge Journalist bei potentiellen Auftraggebern nicht anecken. Im Anschluß an die ›Mimetische Partitur‹ und ›Was bin ich?‹ entsteht in den folgenden drei Jahren eine Vielzahl unterschiedlichster Arbeiten: kleinere Skizzen, Landschaftsbeschreibungen, Buchbesprechungen, aber auch kurze Erzählungen. Sie tragen Titel wie ›Was ist eine Freundin?‹, ›Begegnung mit dem Genfersee‹ oder ›Wolken im Abend‹, ›Nehmen und geben‹ und ›Sylvester-Glocken‹. Von diesen über 100 Arbeiten fanden lediglich 20 Eingang in die noch zu Lebzeiten Frischs publizierte Werkausgabe. Wie immer man diese Texte im einzelnen bewerten mag, gemeinsam ist ihnen der unübersehbare autobiographische Zug. So thematisiert Frisch in ›Begegnung mit dem Genfersee‹ etwa die von ihm in diesen Jahren schmerzhaft erlebte Spannung zwischen der Sehnsucht, die eigenen Wünsche zu verwirklichen, und der Angst, den eigenen hohen Ansprüchen nicht genügen zu können.

Dr. Eduard Korrodi, damals das literarische Bundesgericht, heute vergessen.

*Frisch über Korrodi*
*(in: ›Partei ergriffen‹, FdT, 121)*

**Vertreter der kritischen**, d. h. dezidiert gesellschaftspolitisch ausgerichteten **Schweizer Literatur** in den Dreißigern und frühen Vierzigern sind u. a. Rudolf Jakob Humm, Jakob Bührer, Albert Ehrismann und Hans Mühlestein. Letzterer bekannte im Sommer 1936: »Unter den 350 Mitgliedern des offiziellen ›Schweiz. Schriftstellerver-

So heißt es in dem am 20. Mai 1932 publizierten Text: »Ich fürchte die Begegnung mit diesem See, wie ich die Begegnungen fürchte mit Menschen, die ich liebe; denn ich bin immer noch zu jung, und meine Hoffnungen sind immer noch aus Träumen geblasen. Und es ist eine heikle Sache um diese Seifenblasen.« Wenige Wochen später, am 26. Juni, erscheint eine Liebesgeschichte mit dem Titel ›Ein Mensch geht weg‹ – ein Text über den Verlust einer Geliebten. Frisch spielt hier auf unmittelbar zuvor Erlebtes an. Bis Ende April 1932 stand er in engster Beziehung zu der gerade erst achtzehnjährigen Schauspielerin Else Schebesta, die vom Deutschen Volkstheater Wien für eine Spielzeit ans Schauspielhaus Zürich gekommen war. Mit der Auflösung des Verhältnisses zurecht- zukommen, fiel dem augenscheinlich noch immer verliebten Frisch nicht gerade leicht: »Ich war überzeugt, daß ich hier sitzen könnte mit geschlossenen Augen, wenn du weg bist, und mit dir schweigen könnte wie früher; daß dein Schweigen weiterleben würde in diesem Zimmer. Else – – Aber sogar das hat aufgehört. Sogar ihr Schweigen ist gestorben, und wenn ein Ton hineinschlägt, zerklirrt es und splittert in mein Hirn.« (NZZ, 26. Juni 1932)

Im September diesen Jahres arbeitet er in einer studentischen Arbeitskolonie im Straßenbau. Er will der zermürbenden Selbstreflexion (›Was bin ich?‹) ein Ende setzen und hofft dabei auf die heilsame Kraft körperlicher Arbeit: »daß alles aufhöre, daß diese Selbstzerlegung stehen bleibe, die endlos und kernlos ist; wie eine Zwiebelschälerei«. Im entsprechenden Beitrag – ›Wir bauen eine Straße‹ – räumt er denn auch unumwunden ein: »Ich bin nicht hergekommen, um der armen Bergbevölkerung zu helfen, sondern um mir zu helfen.« (I, 24)

Des weiteren sind viele dieser Texte von der Absicht geprägt, den schwierigen Weg eines jungen Menschen zu veranschaulichen, der sich zum Dichter berufen glaubt. Um aber überhaupt

eins‹ ... haben wir mit Mühe eine sog. ›Linksgruppe‹ von ca. 20 Mitgliedern zusammengebracht.« Jakob Bührer etwa stieß mit seinen zeitkritischen Romanen und seinem Bekenntnis zu sozialdemokratischen Zielen kaum auf Verständnis bei der damaligen Kritik. Auch Frisch schloß sich den negativen Urteilen an und verriß Bührers Roman ›Man kann nicht‹ (1932). Anläßlich dessen 90. Geburtstags meinte Frisch: »Sie waren bekannt als ein Sozi, was verfassungsmäßig ja erlaubt war, nur nicht förderlich für Sie. Auseinandersetzungen mit der Literatur der politischen Opposition war nicht das Bedürfnis der bürgerlichen Literatur-Redaktionen.« (FdT, 121)

dichten zu können, bedarf es nach Frischs Ansicht der Überwindung »jugendlicher« Verhaltensmuster. Dies wiederum, so glaubt er, ist nur auf der Grundlage eines Erfahrungshorizonts möglich, den er sich im gewöhnlichen Alltagsleben nicht aneignen kann. Daher sucht Frisch die Zäsur, er will eine Art Neubeginn. So wie er im Zuge von ausgedehnten Wanderungen und Bergtouren immer wieder danach strebt, neuerliche Klarheit über seine jeweilige Situation zu erlangen, hofft er nun darauf, die erste größere Auslandsreise eröffne ihm die Chance, die eigene seelische Konstitution deutlicher als bislang in den Blick nehmen zu können.

Die von Mitte Februar bis Ende Oktober 1933 unternommene Reise erweist sich als gründlich geplantes Großunternehmen, dessen Gelingen auf nicht unerheblichen logistischen Vorarbeiten beruht. Am Anfang steht eine kleine schauspielerische Glanzleistung, auf die der junge Frisch äußerst stolz ist. Es gelingt ihm nämlich, die zuständigen Redakteure der NZZ davon zu überzeugen, daß es höchst sinnvoll sei, ihn, der ohnehin eine Reise auf den Balkan plane, anläßlich der Eishockey-Weltmeisterschaften als Korrespondent nach Prag zu schicken. Man schluckt den Köder, und Frisch erhält den Auftrag.

Da Frisch, wenn auch in unregelmäßigen Abständen, seine Arbeiten in der deutschsprachigen Presse unterbringen kann, verfügt er inzwischen über eine zumindest potentielle Basis, auch eine längere Reise zu finanzieren. So entschließt er sich, endlich seine ersehnte große Fahrt anzutreten, und macht sich auf den Weg: Dalmatien, das Schwarze Meer und Griechenland sind einige seiner Ziele. Unterwegs möchte er aber nicht nur das journalistische Tagesgeschäft erledigen, sondern auch einmal einen größeren literarischen Prosatext zustande bringen. Frisch beabsichtigt, sich so weit als möglich einzuschränken. Im Zweifelsfall ist er auch bereit, von der Hand in den Mund zu leben. Das

Das Bild vom unpolitischen, bürgerlichen Schriftsteller Frisch, der ... widerstandslos in der Strömung seiner Zeit mitschwimmt, verschärft sich noch, wenn man aus Frischs frühen Essays die recht zahlreichen Bemerkungen zu zeitgenössischen Autoren und Werken herauskristallisiert. Da lobt der freie Journalist im Dezember 1933 den deutschen Schriftsteller Max René Hesse, der sich kurz zuvor über die Umsiedelung des polnischen Volkes zwecks Lebensraumschaffung ausgelassen hatte, als »deutschen Sucher« nach »Selbstverwirklichung«, dessen »männlich ringende Seele« mit »sauberer Kompromißlosigkeit« den Weg zur »wahren Gemeinschaft« weist ... Dem

Honorar für die während der Reise verfaßten Feuilletonbeiträge soll direkt an die jeweils aktuelle Adresse gesendet werden. Deshalb spricht er mit der Mutter genau ab, wie die kontinuierliche Zusendung von Belegexemplaren und die Weiterleitung der Honorare vonstatten gehen soll. Bemerkenswert ist, mit welcher Entschlossenheit die Mutter den Schreibwillen des Sohnes unterstützt. Ohne Wenn und Aber glaubt sie an sein Talent.

Die Reise führt zunächst nach Prag, von wo er auftragsgemäß über die Ereignisse der Eishockey-Weltmeisterschaft (18.–27. Februar 1933) berichtet und zugleich mit der Niederschrift diverser Reisebeschreibungen beginnt. In seinen Prager Impressionen ›Zwischen Hastigem und Verträumtem‹ deutet er die tschechische Sprache ganz und gar von seiner persönlichen Situation her: »Aber dieses Slawische, das in seinem stachligen Schriftbild solche Häklein und Schnörkelchen trägt und dem Fremden gar igelhaft begegnet: wie lyrisch und melodisch klingt es, da es aus lebendigem Munde kommt, selbst als Flüche.« (BmM, 189). Der junge Feuilletonist gibt sich als angehender Dichter zu erkennen. Nicht nur die Sprache, auch die Menschen nimmt er unter ästhetischen Gesichtspunkten in den Blick: »Übrigens selten diese Frauen, welche das Slawische besitzen. Nicht die internationale Großstadtweiblichkeit. Sondern Schönheit, die seltsam ist, andersrassig und immer unbegreiflich …« (BmM, 196). Vielerlei rührt den jungen Mann an und verleitet ihn gar zur Euphorie: »Wenn es plötzlich sehr schön ist, möchte man hinknieen. Oft bleibe ich mehr als eine halbe stunde drinnen, trotzdem es bitter kalt ist. Ich möchte sehr, dass ich an einen gott glauben könnte«, heißt es in einem Brief an die Mutter anläßlich eines Besuchs des Veitsdoms (BmM, 34). Deren Antwort bleibt ganz prosaisch: »In der N. Z. Z. sind bis jetzt 2 Skizzen, die ich dir jeweils zugehen liess, erschienen. Fakir der Liebe köstlich!

Neoklassizisten Albrecht Schaeffer hält der Rezensent vor, daß er in seiner Kriegsnovelle ›Heimgang‹ zwar »die rauschhaften Kampfhandlungen« und das »seelische Ausgehungertwerden« im Krieg widerspiegele, im Gegensatz zu Hans Carossa aber noch nicht die erlösende »Weltschau gibt durch den Krieg«. Carossa, mit seinem ›Rumänischen Tagebuch‹ ein Erfolgsautor im Dritten Reich, bescheinigt der Schweizer jene Größe und Kraft, die für eine »männlich-demütige« Erfüllung des Schicksals von Nöten sei.

*Alexander Stephan, 1983, 18f.*

Überall Complimente für meinen Sohn bekommen.–« Die prekären politischen Verhältnisse werden so gut wie nie angesprochen.

Von Prag geht die Reise weiter nach Budapest, Belgrad, Sarajevo und Dubrovnik, wo Frisch einige Wochen bleibt, dann weiter nach Zagreb und Istanbul und schließlich nach Athen. Von hier aus wandert er nach Korinth und Delphi. Die Rückreise führt ihn noch einmal für einige Zeit nach Dubrovnik. Über Bari gelangt er endlich nach Rom und kehrt von dort nach Zürich zurück.

Die auf dieser Reise gewonnenen Eindrücke prägen nicht nur die nach Zürich geschickten Feuilletons, sondern auch seinen ersten Roman. Wie immer, wenn es um die Arbeit an Texten geht, zeigt er sich auch hier äußerst diszipliniert und kann das Manuskript bereits im Winter desselben Jahres fertigstellen.

Der stark autobiographisch geprägte Romanerstling ›Jürg Reinhart. Eine sommerliche Schicksalsfahrt‹ schildert die Geschichte eines jungen Mannes, dessen Reise ihn u.a. an all die Orte führt, die auch der junge Frisch auf seiner Balkan-Reise aufgesucht hatte. Im Mittelpunkt der Handlung steht der junge Schweizer Journalist und Dichter Jürg Reinhart, der im Verlauf einer Reise u. a. nach Dubrovnik gerät, wo es in der von einer deutschen Baronin geführten Pension »Solitudo« zu einer Reihe von Begegnungen kommt, insbesondere auch mit Frauen, die für seine Entwicklung große Bedeutung gewinnen sollen.

Beständig das Vergangene wie das gegenwärtig Erlebte bedenkend, sucht sich Jürg über seine Lebenssituation klar zu werden. Ihn quält das Gefühl, »daß er noch nichts

20 Postkarte aus Sarajevo an die Mutter (22. April 1933)
Freitag – Liebes Mutti! Sauwetter! Warte auf / Besserung! Entzückend, / maurisch, interessant! Trinke meine / 8 Tassen türkischen / Kaffee im Tag. Bleibe bis Freitag, 28. 4. / Hotel Bosna, Colodvo, / Sarajevo. – Mägi.

wußte vom Leben«: »Ich sehne mich nach dem Glück wie irgendeiner. Wenn es da ist, begreife ich es nicht … Auch mit Else: wir waren zusammen auf einer Skitour, oben auf dem Gipfel lagen wir zwei Stunden zusammen in Schnee und Sonne und Einsamkeit. Das war in der Schweiz. Wunderbar übrigens. Und ich wurde durch soviel Herrlichkeit sehr offen. Ich gestand ihr, daß das Glück niemals zu mir gekommen war … ich Karnikel, da redete ich von meiner Glücklosigkeit und begriff nicht, daß das Glück damals neben mir lag. Er lächelte über seine Blindheit von damals.« (JR, I, 284) Eine künstlerische Existenz zu führen, erscheint dem jungen Mann zunehmend als sinnvolles Lebenskonzept. Doch wie dies realisiert werden könnte, begreift der junge Dichter erst ganz allmählich.

Glaubt Jürg zunächst, es mangele ihm an sexueller Erfahrung, wird ihm zunehmend bewußt, daß diese Auffassung unsinnig ist: »Irgend etwas mußte doch geschehen! Er war nicht geboren, damit ihn jede Frau zum Hanswurst nahm. Irgend etwas mußte einfach anders werden! Denn er sehnte sich danach, und noch niemals hatte er etwas getan! Niemals! Andere bringen es zum Lustmörder oder mindestens zum Verführer! Und was war er? Wenn er nachdachte: eigentlich hatte er immer bloß nachgedacht und in diesem Leben umhergestanden wie ein Torso, der ohne Arme ist und niemals zupacken kann? Niemals mitmachen! Aber er hatte doch Sehnsucht danach wie irgendeiner. Und er wollte es auch einmal sagen können: Dies oder das habe ich getan!« (JR, I, 291)

Jürg entwickelt mehr und mehr die Ansicht, allein durch eine »männliche Tat« könne er sich der Reife versichern, die einem »erwachsenen« Mann zukomme. Die Liebe Jürgs zur todkranken Inge, der Tochter der Pensionswirtin, führt jene existentielle Situation herauf, in der er durch einen »heroischen Akt« seine Reife beweisen kann. Indem er sie aus Liebe von ihrem Leiden

**Max Frisch anläßlich des ersten Todesjahrtags seines Vaters:**
meine liebe mama, es quält mich, dass ich in diesen tagen nicht bei dir sein kann. ich habe wiederholt von papa geträumt … es ist mir leid, dass ich dich nicht aufs grab begleiten kann, mama, dass ich nicht leibhaftig neben dir stehen kann. denn in gedanken werden wir zusammen sein, die wir uns so innig lieben und uns so unentbehrlich sind.

*Prag, am Sonntag (26. März 1933, BmM, 42)*

Gnädiges Fräulein: manchmal habe ich so irrsinnige Angst vor dem Erwachsenwerden. Begreifen Sie das? Ich möchte endlich reifer werden, zugleich aber ein Kind bleiben. *JR, I, 275*

befreit, d. h. leistet, wovor alle anderen zurückscheuen (ihr nämlich die tödliche Spritze zu setzen), hat er nun endlich sein Ziel erreicht, eine »sinnreiche« Tat ins Werk gesetzt zu haben.

Das Romangeschehen basiert insofern auf einer tatsächlichen Begebenheit, als die Tochter der Pensionswirtin (Fräulein von Woedtke) in Dubrovnik nach Frischs Abreise – er ist auf dem Weg nach Athen – stirbt. Während seines Aufenthalts in der Villa Solitudo hatte sich die junge Frau in Frisch verliebt. Es ist nicht bekannt, ob diese Gefühle erwidert wurden. Soweit er in seinem Roman über Sterbehilfe reflektiert, greift er damit ein Anfang der dreißiger Jahre weltweit diskutiertes Thema auf. Nur wenige Jahre später schon überführten die Nationalsozialisten die theoretischen Überlegungen in furchtbare Wirklichkeit. Angesichts dessen ist es offensichtlich, daß Frisch die ethischen und politischen Konsequenzen der »männlichen Tat« seines Helden Jürg Reinhart augenscheinlich nicht abzuschätzen vermochte. Bis in die Wortwahl hinein bleibt Frisch in seiner ersten größeren Prosaarbeit hin und wieder der Kolportage verpflichtet. Ohne hinreichende Distanz gegenüber den banalen Vorurteilen und Klischees seiner Zeit verfällt er immer wieder in einen affirmativen, bisweilen gar spießig-provinziellen Ton.

Unschwer erkennt man den jungen Max Frisch im Protagonisten Jürg Reinhart. Gleichsam seine literarische Selbsttherapie bestätigend, kommt es endlich auch zur ersten »glückenden« Liebesbeziehung. Frisch freundet sich mit der Germanistikstudentin Käte Rubensohn an, der er im SS 1934 an der Universität

**Euthanasie** [griech. schöner Tod] Anläßlich der Beratungen zur Strafrechtsreform 1933 erließ man das Gesetz zur »Verhütung erbkranken Nachwuchses«. Im Rahmen des sogenannten, ohne gesetzliche Grundlage durchgeführten Euthanasieprogramms, wonach »unheilbar Kranken der Gnadentod gewährt werden kann«, wurden von Anfang 1940 bis August 1941 in speziellen »Tötungsanstalten« (u. a. Brandenburg/Havel, Kartheim bei Linz, Hadamar, Bernburg/Saale) etwa 60 000–80 000 Menschen ermordet, unter anderem psychisch Kranke, Heimzöglinge und Obdachlose.

begegnet. Die Beziehung wird insgesamt vier Jahre dauern, Frischs erste längere Partnerschaft. Käte Rubensohn, drei Jahre jünger als Frisch, erinnert sich genau an die entbehrungsreichen Lebensumstände des jugendlichen Reiseabenteurers: »Wie ich ihn 1934 kennengelernt habe, war er ein armer Schlucker und hat Mühe gehabt, das Nötigste zusammenzukriegen ... Einmal hatte er nur noch sieben Franken, sonst nichts.« Kätes familiärer Hintergrund war bildungsbürgerlich-intellektueller Natur. Ihr Vater, Altphilologe und Archäologe, unterrichtete an einem Berliner Gymnasium; bis 1915, ein Jahr nach Kätes Geburt, hatte er das Hildesheimer Roemer- und Pelizaeus-Museum geleitet und als ambitionierter Archäologe auch an mehreren Ausgrabungen in Paros und auf Elephantine teilgenommen. Frisch wird dieses Milieu in seinem Roman ›Die Schwierigen‹ ins Spiel bringen.

Käte besucht – mitunter von Frisch begleitet – regelmäßig ihre Eltern in Berlin, die ihrerseits die politischen Zeichen der Zeit falsch deuten und wie Hunderttausende andere den Terror der Nationalsozialisten gegen die Juden lange nicht ernst genug nehmen. Mit Müh und Not können sie 1939 gerade noch rechtzeitig emigrieren. Da Käte den Freund und zeitweiligen Verlobten beispielsweise während ihrer Aufenthalte in Deutschland ebensowenig ohne Nachricht lassen möchte wie dieser sie, entsteht ein umfangreicher (der Öffentlichkeit allerdings gemeinhin nicht

21 Käte Rubensohn und Frisch im Café Studio 1937

zugänglicher) Briefwechsel aus dieser Zeit (1934–1938). In einem dieser Briefe berichtet Frisch detailliert über seinen Alltag, der nach dem Abbruch des Studiums vom Schreiben bestimmt ist: »Ich bin nun ein wenig abgespannt, da ich einen wunderlichen Lebenswandel führte; es kam vor, daß ich ohne Frühstück anfing und dann gegen drei Uhr eine Suppe machte, manchmal eine Bummelstunde im Freien, und dann ging es weiter in die Nacht hinein. Die Zeit war zu knapp; es war eine wilde Hetzerei, zumal schon das Schreiben immer viel Mühe macht, wenn man nochmals eine Stelle ändern mußte.« (Zitiert nach Urs Bircher, I, 59, siehe auch Hinweis auf S. 156).

Frisch hat bei der Verfolgung seiner literarischen Projekte seine prekäre finanzielle Situation zu berücksichtigen. Immer wieder versucht er, gleichzeitig beiden Rollen gerecht zu werden, d. h. nicht nur den künstlerischen Ambitionen des Schriftstellers zu genügen, sondern auch die zur Sicherung des Lebensunterhalts notwendigen Kompromisse einzugehen.

1935 verständigt er sich mit Eduard Korrodi über das Honorar für eine Deutschland-Reportage, ein Projekt, das wie schon die Balkan-Reise ein weiteres Mal die Realisierung zweier Optionen zu eröffnen scheint: Während die literarische Arbeit der Neigung entspringt, dient die journalistische dem Broterwerb. Es geht also um eine Reise ins nationalsozialistische Deutschland: »voraussichtlich liefere ich ein tagebuch meiner reise, friedliche impressionen ... natürlich nichts scharfes. jedenfalls schreibe ich es erst nach meiner Rückkehr, wenn ich den ganzen überblick über den stoff habe«, heißt es in einem Brief an Käte.

Frisch votiert übrigens ebenso wie Korrodi, darin ist man in breiten Schichten des Bildungsbürgertums einig, für die sogenannte »Geistige Landesverteidigung«. Dieser Haltung zufolge ist dezidiert politische Kunst abzulehnen. So versucht man, zumindest im Kulturellen, extremistischen Bewegungen wie dem

---

**Geistige Landesverteidigung**: Auf der Suche nach neuen, integrativen Begriffen, die die bürgerliche Identität zu erneuern vermöchten, wurde ein neues Bild der Nation entwickelt, das auf mythisch gefärbten Vorstellungen wie »schweizerisch« und »Volksgemeinschaft« beruhte. Verbunden mit xenophoben Strömungen ..., entstand ... ein mit Versatzstücken des Ancien Régime erneuertes helvetisches Selbstverständnis. Die Geistige Landesverteidigung machte dann aus diesem neokonservativen Nationalismus eine amtlich abgesegnete Kulturideologie. *Hans Ulrich Jost (1987), 9*

Kommunismus oder dem Nationalsozialismus zu begegnen. Ebenso spielt hier auch ein Interesse zur Wahrung der Neutralität in außenpolitischen Angelegenheiten hinein. Diesem erklärten Ziel zum Trotz zeigt sich in der Auseinandersetzung mit der Exilliteratur mitunter eine ideologische Nähe zur Welt rechtsextremistischer Überzeugungen. So verwundert es nicht, daß das 1935 in einer Folge von vier Beiträgen publizierte ›Kleine Tagebuch einer deutschen Reise‹ (I, 84–97) kritischen Ansprüchen nur bedingt genügen kann. Wenn Frisch etwa seine Eindrücke von der Berliner Ausstellung ›Wunder des Lebens‹ festhält, »die unleugbar eine Prachtleistung ist«, wird seine ironische Distanz gegenüber dem rassenkundlichen Unfug leider nicht immer hinreichend deutlich. Allein im Hinblick auf die sogenannte »Judenfrage« übt er erkennbarer Kritik, es scheine angebracht, schreibt er, »die Rassenfrage nicht länger auf die Spitze zu treiben«. Die Nationalsozialisten indessen reagieren verärgert, worauf Frisch in einem kurzen Nachtrag seine ablehnende Haltung nur mehr unterstreicht.

Frisch verurteilt, das sei hier festgehalten, die Judenverfolgung ohne Wenn und Aber. Indessen bleibt es gleichermaßen nachvollziehbar wie prekär, daß er zu diesem Zeitpunkt das

22 Berliner Ausstellung zur nationalsozialistischen Rassenlehre im Jahr 1934

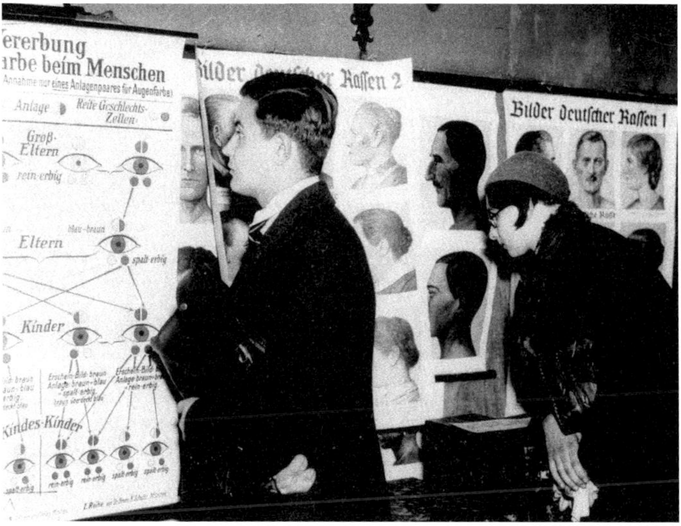

unsägliche Leid, das der Nationalsozialismus heraufführen wird, nicht genügend abzuschätzen wußte.

Immerhin war im Jahr 1935 der nationalsozialistische Staatsterrorismus in seinen Grundzügen bereits installiert. Carl von Ossietzky beispielsweise, im KZ Esterwegen inhaftiert (in das man den unliebsamen Schriftsteller verschleppt hat, um ihn zum Schweigen zu bringen), erhält für das Jahr 1935 den Friedensnobelpreis zuerkannt, worauf Adolf Hitler allen Deutschen verbietet, diesen Preis anzunehmen. Und zwei Jahre zuvor hatten überall im Deutschen Reich die Bücher unliebsamer Autoren gebrannt – was auch in der Schweiz durchaus registriert worden war. Indessen verbot man hier 1936 dem reichsdeutschen Schauspieler-Emigranten Wolfgang Langhoff, die mit seiner Inhaftierung in Dachau verbundenen Erlebnisse, die er in seinem Buch ›Die Moorsoldaten‹ beschrieben hatte, in öffentlichen Vorträgen zu schildern. Doch gab es auch durchaus kritische Stimmen. Nicht zuletzt dem leidenschaftlichsten Förderer der Exilliteratur, Emil Oprecht, ist es zu verdanken, daß sie ein öffentliches Forum erhielten. Die Publikationen seines Europa Verlags zählen zu den wichtigsten Schweizer Veröffentlichungen dieser Zeit. Den kulturpolitititischen Auffassungen eines Eduard Korrodi allerdings sind diese Aktivitäten nicht gemäß.

Max Frisch ist seinerseits weit davon entfernt, kritisch zu den aktuellen politischen Geschehnissen Stellung zu beziehen. Ihn beschäftigt statt dessen die Niederschrift eines zweiten Romans, in dem es einmal mehr um das eigene Selbstverständnis geht. Er heißt ›Antwort aus der Stille‹ (DVA, 1937) und wird von Frisch rückblickend als völlig mißglückt, als »schlechtes Buch« bezeichnet – in die Werkausgabe aus dem Jahr 1976 fand der Text keine Aufnahme. Der Roman erzählt die Geschichte eines dreißigjährigen, künstlerisch ambitionierten Lehrers, der mit seinem ganz und gar durchschnittlichen Leben hadert. Im Zuge einer

Einen freundlichen und klugen Buchhändler ... fragte ich unter anderm, was denn das deutsche Publikum vor allem kaufe? Seine Antwort kam ohne Zögern: das stille Buch. Und der große Erfolg, den ein Wiechert im vergangenen Jahr davontrug, bestätigt uns diese merkwürdige, sehr begreifliche und tröstliche Auskunft; die Geschichte könnte uns Beispiele genug liefern, daß der Idyllendichter oft in kriegerischen Zeiten am geschätztesten war.

*›Kleines Tagebuch einer deutschen Reise‹, I, 95*

höchst gefährlichen Bergbesteigung gewinnt er schließlich die Einsicht, »daß es kein gewöhnliches Leben gibt, kein verächtliches Leben, das einfach wegzuschmeißen wäre, und daß wohl alles genug ist, was wir wirklich erfüllen.« Auch hier geht es wieder um die sinnstiftende »männliche Tat«. Doch während dies im ›Jürg Reinhart‹ die Überwindung der bürgerlichen Existenz bzw. die Entscheidung für ein Leben als Künstler bedeutet, verhält es sich in der ›Antwort aus der Stille‹, der gegenwärtigen Situation Max Frischs entsprechend, genau umgekehrt.

Dessen Zweifel an seinem künstlerischen Vermögen gewinnen mehr und mehr Gewicht. Einzig sinnvoll scheint da nur noch, sich der Gesellschaft als »funktionierendes« Glied einzupassen. Dazu gehört auch die Entscheidung für ein Lebenskonzept, das dem bürgerlichen Kanon genügt. Max Frisch entscheidet sich für den Abbruch der Dichterlaufbahn und für ein zweites Studium (1936). Er möchte Architekt werden: »Mit fünfundzwanzig Jahren muß ich nochmals auf die Schulbank zurück. Eine Freundin, als wir heiraten wollten, war der Meinung, daß ich vorerst etwas werden müßte. Sie sagte nur, was ich selber dachte; immerhin war es ein Schock, zum erstenmal die ernsthafte Vorstellung, daß das Leben mißlingen kann.« (Tgb I, II, 587) Ob tatsächlich die Lektüre von Gottfried Kellers ›Grünem Heinrich‹, einem Buch, das ihn »seitenlang bestürzte wie eine Hellseherei«, hier von maßgeblicher Bedeutung war, sei dahingestellt.

Durch Vermittlung Käte Rubensohns kommt ein Treffen mit dem Professor für Architektur und Städtebau an der ETH Zürich, Peter Meyer, zustande, wodurch Frischs vage Pläne zur Ergreifung des Architektenberufs konkretere Gestalt gewinnen. In einem Brief an die Verlobte schreibt er: »Und da die Architektur … in engster Verbindung mit dem Leben, mit dem Wohnen, mit der sozialen Struktur einer Zeit steht, würde sie gewiß gerade für mein Schreiben, das ich auf keinen Fall preisgeben wollte, eine

---

Die Atmosphäre in Zürich war in jenen 1930er Jahren ein wenig konfus. Zwar ebbte der sogenannte »Frontenfrühling« im gemäßigten Klima der Zwinglistadt nach seinen ersten Exzessen ab; aber die Zeitung der einheimischen Faschisten verkaufte sich nicht schlecht … nicht nur in Deutschland, auch … in der Schweiz, in Frankreich, fanden die beiden Haßparolen des Nationalsozialismus, der Antikommunismus und der Antisemitismus, Anklang. Mit diesen beiden Projektionen auf Feindbilder ließen sich … Geschäfte machen, die in der Politik und in der Presse … rentierten. *J. R. v. Salis, in: ›Das verschonte Haus‹, 5*

Bereicherung bedeuten.« Es handelte sich also offenbar weniger um eine radikale Abkehr von seinen bisherigen Aktivitäten, wie von Frisch später gerne verbreitet, als vielmehr um den Versuch, auf der Grundlage einer soliden akademischen Ausbildung eine durch und durch bürgerliche Rolle annehmen zu können und die des Künstlers, des Außenseiters mit der eines gesellschaftlich Etablierten zu verknüpfen. Es war ja auch vernünftig, sich ein zweites Standbein zu schaffen, zumal das bisherige, vom Schreiben dominierte Leben allerlei Ungewißheiten und ernste finanzielle Probleme mit sich gebracht hatte.

Seine Entscheidung für die Architektur beruht wohl auch auf ausgesprochen positiven Kindheitserfahrungen. Der Vater betrieb schließlich ein eigenes Büro, und es war gewiß ein besonderes Erlebnis für den Jungen, die für diesen Beruf typischen Utensilien einmal in die Hand zu nehmen: »Das durchsichtige Pauspapier, die Reisschiene, die wippen kann, das Meterband als verbotenes Spielzeug. Ich zeichne exakter, als ich vordem geschrieben habe. Als Zeichner von Werkplänen komme ich mir übrigens männlicher vor.« (Mon, VI, 704) Jedenfalls lag Frisch in späteren Jahren sehr daran, dieses »spielerische« Vergnügen an dem Handwerkszeug, das ihn geradezu sinnlich anrührte, als besondere Erfahrung auszuweisen: »Gerade dieses An-die-Dinge-heran ist ja meine Sehnsucht, dieser Wunsch auch nach Substanz im äußerlichen Sinn.« Das zweite Studium zu absolvieren ist ihm allerdings nur möglich, weil Werner Coninx ein Stipendium von 16 000 SFr, verteilt auf vier Jahre, zur Verfügung stellt. Damit ist für ihn ebenso wie für seine Mutter, mit der er zwischenzeitlich eine kleine Wohnung (ohne Tante) in der Sempacherstraße 71 bezogen hat, das finanzielle Auskommen gesichert. In dieser Situation beschließt Max Frisch, mit dem Schreiben erst einmal aufzuhören, und »besiegelt« die Entscheidung, indem er sämtliche bislang geschriebene Arbeiten verbrennt.

Einmal wurde alles Geschriebene zusammengeschnürt, und alles dem Feuer übergeben: Ich mußte zweimal in den Wald hinaufgehen, so viele Bündel gab es, und es war, ich erinnere mich, ein regnerischer Tag, wo das Feuer immer wieder in der Nässe erstickte, ich brauchte eine ganze Schachtel voll Streichhölzer, bis ich mit dem Gefühl der Erleichterung, auch der Leere weitergehen konnte. Das heimliche Gelübde, nicht mehr zu schreiben, wurde zwei Jahre lang nicht ernstlich verletzt.

*Tgb I, II, 588*

# »Alles Leben wächst aus der Gefährdung«

Die Entscheidung, sein Leben neu auszurichten, was sich Frisch in seinem Paß durch das Löschen der alten Berufsbezeichnung »Schriftsteller« und den Eintrag »stud. arch.« sozusagen amtlich bestätigen läßt, konterkariert die Zuerkennung eines ersten bedeutsamen literarischen Preises bzw. die damit einhergehende öffentliche Anerkennung seiner bisherigen schriftstellerischen Arbeit. 1938 erhält Frisch den mit 3000 SFr respektabel ausgestatteten Conrad-Ferdinand-Meyer-Preis. Keine Kleinigkeit, wenn man bedenkt, daß er ansonsten mit 4000 SFr Stipendium ein ganzes Jahr auskommen muß.

Damit haben sich bei der Vergabe dieses angesehenen Preises erneut jene Kräfte durchgesetzt, die dem Kreis der »Geistigen Landesverteidiger« zugerechnet werden. Nicht zu Unrecht sieht man dort auch Max Frisch als einen der ihren an, entwickelt dieser doch angesichts der Zuspitzung der außen- und innenpolitischen Lage allmählich ein dezidiert politisches Bewußtsein. Als »Geistige Landesverteidigung« gilt zunächst einmal alles, was das Selbstbewußtsein der Schweiz bzw. ihre prekäre Stellung gegenüber dem übermächtigen Deutschen Reich durch eine betont proschweizerische Haltung stärkt. Auf der anderen Seite bedeutet es allerdings auch, daß kritische Beiträge oder Äußerungen, die von Deutschland als Provokation aufgefaßt werden könnten, von Schweizer Seite her zu unterlassen sind.

In der sogenannten »Schauspielhausfrage« – welche Stücke sollen in der neutralen Schweiz auf die Bühne kommen? – wird an vielen Stellen deutlich, daß Frischs Denken in den dreißiger Jahren – ganz im Gegensatz zu später – noch kaum von emanzi-

---

**Kurt Hirschfeld über seinen Ruf an das Züricher Schauspielhaus:** Ich dachte, da macht jemand einen schlechten Witz mit mir. Stellen Sie sich vor: auf der einen Seite des Kabels im Berlin des gerade ›erwachenden Deutschland‹ ein junger Mann, der politischer Gründe wegen soeben aus seiner prominenten Position am avantgardistisch verrufenen Theater in Darmstadt herausgeworfen worden ist, auf der anderen Seite ein redlicher Schweizer Theaterdirektor [Oskar Wälterlin], der mir beweisen will, ich sei der rechte Mann für ihn. *In: ›Das verschonte Haus‹, 1987, 241*

patorischen Ideen inspiriert war. So souverän und eigenständig er später agieren wird, in dieser Zeit vor dem Zweiten Weltkrieg findet er eine Reihe von Berührungspunkten mit dem bürgerlichen Lager. Auch seine literarischen Vorlieben verdeutlichen dies. So bespricht er in der NZZ – zum Teil in höchst affirmativer Weise – die Werke von Autoren wie Hans Carossa, Ernst Wiechert, Max René Hesse oder Alfred Fankhauser, die im Deutschen Reich zu dieser Zeit als nationale Größen gehandelt werden. Andererseits verehrt er vor allen anderen den Schweizer Dichter Albin Zollinger, der damals bereits zunehmend linksliberale Positionen vertritt (›Die große Unruhe‹, 1939).

›Ist Kultur eine Privatsache‹?, fragt Frisch im Zusammenhang mit der ungeklärten Finanzierung und Fortführung des Züricher Schauspielhauses: »Immerhin, wenn schon neben den erprobten Werken, die den Grundstock bilden werden, dann und wann auch Versuche gewagt werden ..., warum müssen diese vorwiegend mit Amerikanern, Tschechen und Ungarn vorgenommen werden? Oder stimmt es noch immer, daß wir auch im Geistesleben lieber Bananen kaufen, solange es noch Äpfel gibt?« Unmißverständlich heißt es hier, »die Auswahl, die jeder Spielplan bedeutet, muß in schweizerischen Händen bleiben, und zwar klipp und klar, damit man uns, die wir keinen offenen Geistesgegner fürchten, unterdessen auch kein trojanisches Pferd in die Stadt holt!« (I, 101)

Das Züricher Schauspielhaus seinerseits verfolgt eine bereits Anfang der dreißiger Jahre unter Ferdinand Rieser einsetzende Strategie, als eine der führenden deutschsprachigen Bühnen insbesondere auch Emigranten offenzustehen. So verpflichtet man beispielsweise eine Vielzahl von Autoren und Schauspielern, die im Deutschen Reich keine Möglichkeit mehr haben, zu publizieren oder aufzutreten. Oskar Wälterlin als Direktor, Kurt Hirschfeld als Vizedirektor und später selbst für Spielplan und

23 Albin Zollinger (1895–1941) hatte sich in seinen letzten Lebensjahren zunehmend kritisch mit der Schweiz auseinandergesetzt. Deren in seinen Augen allzu nachgiebige Haltung gegenüber dem nationalsozialistischen Deutschland kritisierte er scharf. Frisch bewunderte Zollingers Sprachgewalt, auch wenn er den ›Pfannenstiel‹ (1940, Bd. 1) eher negativ bewertete: »Vieles ist herrlich. Aber dann: ... sackt es ab aus den Bereichen der Dichtung.«

Besetzungspläne als Direktor verantwortlich, sorgen für ein Programm mit internationalem Profil. Höchsten Ansprüchen genügend, beschwor es den Mythos von der »großen Zeit« des Züricher Schauspielhauses herauf. Neben Bertolt Brecht gewann man u. a. Thornton Wilder, Jean-Paul Sartre und Eugène Ionesco als Autoren, deren Arbeiten, Ideen und theaterästhetische Konzepte die Inszenierungen der gleichgeschalteten Bühnen in Berlin und München in jeder Hinsicht in den Schatten stellten.

Max Frischs ›Briefwechsel mit der Mutter 1933‹ zufolge scheint er das Theater regelmäßig besucht und selbst in angespannter finanzieller Situation ein Theaterabonnement gehalten zu haben.

Nicht sehr lange nach Aufnahme des Architekturstudiums (WS 1936/1937) an der ETH Zürich sieht sich Frisch in einer privaten Krise. Der Heiratsantrag, den er seiner Verlobten Käte Rubensohn macht, wird abgelehnt – »Du bist bereit mich zu heiraten, nur

24 ›Die Fliegen‹ von Jean-Paul Sartre, Züricher Schauspielhaus 12. Oktober 1944. Bühnenbildentwurf von Teo Otto. Max Frisch über den Bühnenbildner Teo Otto: »Der Architektur verwandter als dem Gemälde, ist das Bühnenbild nicht sich selbst genug, sondern gut erst dadurch, daß es sich für den Benützer bewährt, also für den Schauspieler; daß es ihm die richtigen Möglichkeiten gibt, richtig im Sinne des Stücks. Und das vergißt Teo Otto nie; darin gerade liegt seine große Meisterschaft.« (1964; V, 335)

weil ich Jüdin bin, nicht aus Liebe« –, was schließlich zur endgültigen Trennung führt. Offensichtlich hatte man sich auseinandergelebt. »Es war eine sehr traurige Erfahrung, die wir beide machen mußten, ... daß die Liebe erloschen war, auf jeden Fall nicht mehr die alte«, erinnert sich Käte Rubensohn. In ›Montauk‹ heißt es: »Sie ist meine erste Partnerin, wir wohnen nicht zusammen, aber wir treffen uns jeden Tag ... Unser Liebestun ist anfängerhaft-kenntnislos-romantisch, während in Nürnberg die Rassengesetze verkündet werden ... Sie möchte ein Kind, und das erschreckt mich; ich bin zu unfertig dazu.« (Mon, VI, 728).

Mit dem Überfall auf Polen beginnt am 1. September 1939 der Zweite Weltkrieg. In der Schweiz rechnet man mit dem Schlimmsten und zieht die wehrfähigen Männer zum Militärdienst heran. Frisch muß als Kanonier ins Tessin. Sein Gelübde, nicht mehr zu schreiben – das er übrigens weniger genau eingehalten hat, als er später glauben zu machen sucht –, ist obsolet geworden.

Während der Kriegsjahre – bis 1945 wird Frisch insgesamt 650 Diensttage absolvieren – beginnt er in der ihm neben dem Architekturstudium verbleibenden knapp bemessenen freien Zeit erneut mit dem Schreiben. Ein Teil des damals Verfaßten wird später unter dem Titel ›Blätter aus dem Brotsack‹ publiziert. Einmal mehr schätzt er die Möglichkeit, die unmittelbaren Erfahrungen und Erlebnisse literarisch fokussieren zu können und das Erlebte mit reflektierendem Blick zu

25 Entwurf des preisgekrönten, nicht realisierten Brückenkopf-Hochhauses von Dunkel und Pipping, Köln 1925

**Das Architekturstudium** absolviert Frisch vorrangig bei dem Amerikaner William Dunkel, der sich in seiner Dissertation mit dem zeitgenössischen US-amerikanischen Städtebau auseinandergesetzt hatte und in den 1920er Jahren als Kapazität für diese Art des Bauens galt. Sein zweiter Lehrer war Otto Rudolf Salvisberg, über den Gropius einmal sagte: »Ich halte ihn keineswegs für einen ersten Mann, der aus eigener schöpferischer Quelle schafft, aber er hat ein sehr gediegenes Können.« Salvisberg (1882–1940) war in den 1920er und 1930er Jahren ein ebenso gefragter wie angesehener Architekt.

sichten und so den Leser an seinen Erfahrungen teilhaben zu lassen. Bereits im Jahr 1935, im Anschluß an einen der obligatorischen, jährlich stattfindenden militärischen »Auffrischungskurse« hatte Frisch in der NZZ das ›Tagebuch eines Soldaten‹ (als dreiteilige Fortsetzungsgeschichte) publiziert – wobei er sich deutlich an Hans Carossas ›Rumänisches Kriegstagebuch‹ (1924 und 1934) anlehnte.

Frischs ›Blätter‹ entstehen überwiegend zwischen dem 1. September (Kriegsausbruch) und dem 18. Oktober 1939. Frisch sucht hier die Frage nach dem »tieferen Sinn« des Soldatenlebens zu klären und hofft, nicht zuletzt die eigene Situation analysieren zu können: »Was war uns der Friede, solange wir ihn hatten? Ohne die Finsternisse der Nacht, wie knieten wir vor der Sonne? Ohne das Grauen vor dem Tode, wie begriffen wir jemals das Dasein? Alles Leben wächst aus der Gefährdung.« (I, 115) Diese weithin schöngeistig anmutenden Betrachtungen, mitunter ein wenig an Heidegger erinnernd, vermögen nicht hinreichend zu überzeugen. Allzu häufig verschleiert, verklärt, mystifiziert Frisch mit pathetischen Metaphern oder verstiegenen Selbstbespiegelungen

26 Max Frisch und Käte Rubensohn während einer Bergwanderung auf die Dent du Midi im August 1937. Die Trennung 1938 bedeutet keinen völligen Abbruch des Kontakts. So besucht man beispielsweise 1939 gemeinsam die legendäre Landesausstellung in Zürich und bleibt weiter in Verbindung. Zusammen mit ihrem späteren Ehemann, Fortunatus Schnyder, ist Käte Rubensohn noch gelegentlich Gast bei Frisch in Zürich und Berzona. In ›Montauk‹ findet sich zudem der Hinweis auf eine Beziehung zwischen seiner ältesten Tochter Ursula und einem Sohn Käte Rubensohns (VI, 652).

27 Soldatenweihnacht 1940, Frisch zweiter von rechts (vorne)

das reale, den innen- und außenpolitischen Gegebenheiten verpflichtete Geschehen. Mancher konservative Schweizer dürfte sich gefreut haben, daß der Kanonier Max Frisch seine soldatischen Empfindungen so vorzüglich in Worte zu kleiden wußte: »Überhaupt scheint aller Maßstab verloren, als löse sich jedes Verhältnis zur Umwelt, zur sogenannten Wirklichkeit, dermaßen, daß sie uns auch nicht mehr stören, nicht mehr erschrecken oder auch nur ablenken kann, ja, man kommt sich augenblicklang vor, wie man sich das innere Gesicht eines Steines vorstellt, ein umgrenztes, ein ruhendes, ein volles und festes, ganz und gar vorhandenes Dasein. Und man spürt seine eigne Gegenwart, seine Seele, die in den Leib gekommen ist – als fasse man sich selber!« (I, 134f.)

Es spricht für Frischs geistige Souveränität, daß er diese heute teils höchst befremdlich wirkenden Texte nicht einfach als »Jugendsünde« ein Leben lang unkommentiert läßt. Vielmehr zeigt

Alles Denken wächst in der Spirale … Unser Verhältnis zum Krieg, zum Beispiel: vom untersten Ja, vom Ja des wilden Tieres, geht es über in ein Nein, das Nein der Tanten und Haarschneider, zu einem zweiten Ja, zum Ja der Gesunden und Kampfsüchtigen, und zu einem zweiten Nein, zum Nein der Schöpferischen – und am Ende vielleicht wieder zu einem Ja, zum übermenschlichen und grausamen Ja der Götter. (Und der Nihilisten). Wie gerne aber … verwechselt sich der Spatz mit dem Löwen, wenn sie zufällig gerade aus der gleichen Pfütze trinken. *›Blätter aus dem Brotsack‹, I, 159f.*

er sich später ausgesprochen irritiert, etwa angesichts seines Desinteresses an den mit dem Soldatendienst verknüpften zeitpolitischen Fragen. In seinem 1974 erschienenen ›Dienstbüchlein‹ thematisiert er die Zeit seines aktiven Dienstes ein weiteres Mal. Dabei vollzieht er einen grundlegenden Perspektivwechsel, der »blindgläubige«, Seelenerforschung betreibende Soldat hat sich inzwischen zum aufgeklärten Linksintellektuellen entwickelt. Jetzt werden auch die nach außen hin zeitweilig relativ erfolgreich unter Verschluß gehaltenen politischen Entgleisungen der verantwortlichen Politiker in den Blick genommen. Insbesondere die für viele Menschen fatale Flüchtlingspolitik der Schweiz und die tendenziell profaschistischen Ansichten mancher Militärs und Regierungsmitglieder unterzieht er im ›Dienstbüchlein‹ schärfster Kritik.

Diese Entwicklung nimmt in den ersten Kriegsjahren ihren Anfang. In einer »neuen Folge« der ›Blätter aus dem Brotsack‹, Ende 1940 und Anfang 1941 erschienen, hatte Frisch erste zeitkritische Überlegungen zu Papier gebracht. Bis dahin fraglos akzeptierte Propagandaklischees, wie jenes von der immer und jederzeit neutralen Schweiz oder den zu Dämonen stilisierten Kommunisten, gerieten ins Wanken. Erste allgemeine kritische Bemerkungen über den Krieg signalisieren, daß hier, wenn auch noch verhalten, eine eigenständige Position artikuliert wird: »Was ist eigentlich geschehen? Wir stehen, das Gewehr unter dem Arm, in einem Vaterland, das eines Morgens umschlossen ist. Etwas dumm steht der Stacheldraht in unsern Städten ... Der Krieg, wie ein Gewitter, rollt in die Ferne ... Der Blitz, die Vernichtung blieb uns erspart. Alles blieb uns erspart, Bewährung jeder Art. Es ist gespenstisch, wieviele es noch nicht sehen; Grauen wartet auf unser Erwachen.« (SchaH, 102)

Noch muß Frisch die Auseinandersetzung mit dem Grauen der Konzentrationslager, den Millionen von Toten und den voll-

---

**Literatur 1940–1945**

Johannes R. Becher: ›Abschied‹, Roman (Moskau 1941)
Bertolt Brecht: ›Mutter Courage und ihre Kinder‹, Schauspiel (UA Zürich 1941); ›Der gute Mensch von Sezuan‹, Schauspiel (UA Zürich 1943); ›Galileo Galilei‹, Schauspiel (UA Zürich 1943)
Hermann Broch: ›Der Tod des Vergil‹, Roman (New York 1945)
Hermann Hesse: ›Das Glasperlenspiel‹, Roman (Zürich 1943)
Anna Seghers: ›Das siebte Kreuz‹, Roman (Mexiko 1942)
Franz Werfel: ›Das Lied der Bernadette‹, Roman (Stockholm 1941)
Stefan Zweig: ›Schachnovelle‹, (Stockholm 1943)

**Die Schweiz im Zweiten Weltkrieg**

Das außenpolitische Handeln der Schweiz in den Jahren 1939–1945 ist von einem entscheidenden Ziel bestimmt, dem letztlich alle anderen politischen, humanitären etc. Aspekte nachgeordnet werden: Wahrung der unbeschränkten Souveränität. Alle Kritik am Verhalten des Landes in der Zeit des Zweiten Weltkriegs bleibt untauglich, wenn dieses für die schweizerische Politik axiomatische Moment aus dem Blick gerät. Noch im unmittelbaren Vorfeld des Krieges pflegte man nicht nur zu Frankreich oder Österreich, sondern auch zu den totalitären Regimen in Italien (Mussolini) und Deutschland (Hitler) gute Nachbarschaft. Vom Völkerbund empfohlene Regelungen im Umgang mit den faschistischen Bewegungen in Europa trägt die schweizerische Seite nicht mit. Daß nach Ausbruch des Krieges das gesamte Presse- und Nachrichtenwesen von der Armee kontrolliert wurde und erst 1942 wieder in die Zuständigkeit des Schweizerischen Bundesrates zurückfiel, erwies sich in innenpolitischer Hinsicht als besonders prekär. Im Verweis auf militärische Belange wurden kritische Töne in weiten Teilen der Presse und des Rundfunks regelrecht unterdrückt. Da der politisch geltend gemachte Anspruch unbedingter Neutralität jedoch in massiver Weise wirtschaftliche Interessen tangierte, handelte man in diesen Dingen weit pragmatischer, als die politische Rhetorik ahnen ließ. Hieraus erklärt sich etwa die Rolle der Schweiz als Waffenlieferant des Dritten Reichs. Daß in diesem Zusammenhang auch die Zahlung mit »Raubgold« akzeptiert wurde (d. h. durch illegitime Konfiszierung jüdischer Vermögen angeeignete Mittel dienten NS-Deutschland zur Finanzierung verschiedener Geschäfte), zog in der Schweiz allerdings erst in den 1990er Jahren politische Konsequenzen nach sich.

Ebenso gilt die Flüchtlingspolitik der Schweiz in jenen Jahren als eher dunkles Kapitel ihrer jüngeren Geschichte, dokumentiert sich hier doch zumindest eines ganz deutlich: Die verantwortlichen Kräfte zeigten sich weithin unfähig, neben ihren politischen und wirtschaftlichen Interessen auch humanitären Überlegungen zu genügen. Vielmehr hegte man allerlei Ängste, fürchtete nicht nur »Überfremdung«, sondern auch den Unwillen des nationalsozialistischen Nachbarn und dessen militärische Stärke. Das überall im Land verbreitete Schlagwort »Das Boot ist voll« brachte – wenngleich moralisch indifferent – die Überzeugung vieler Schweizer auf den Punkt. Zehntausenden von Flüchtlingen die Einreise in die Schweiz zu verwehren (darüber hinaus gar die entsprechenden Bedingungen während des Krieges noch einmal zu erschweren), kam in vielen Fällen einem sicheren Todesurteil gleich.

28 Filmstill aus Leopold Lindtbergs ›Die letzte Chance‹ (1945), eines der wenigen zeitgenössischen Werke, die sich der Flüchtlingsproblematik annahmen. Frisch besuchte auf Einladung der US-Army die Premiere. Lindtberg arbeitete seit 1933 als Regisseur am Schauspielhaus Zürich, das er zwischen 1965 und 1968 leitete. Regie führte er bei vielen Uraufführungen (z. B. bei Brechts ›Mutter Courage‹, 1941, und Frischs ›Biographie‹, 1967).

ständig zerbombten Städten schuldig bleiben. Im übrigen beschäftigt ihn zu dieser Zeit weniger die ›seismographische‹ Erfassung der Geschehnisse (›Tgb I‹, II, 361), sondern die Absicht, den eigenen bürgerlichen Lebensentwurf zu erhellen. Dieser bürgerliche Weg erfährt mehrere einschneidende Veränderungen. Frisch schließt sein Architekturstudium ab, erhält eine feste Anstellung und heiratet seine frühere Kommilitonin Gertrude Anna Constance von Meyenburg, die er allerdings erst im Atelier seines Arbeitgebers und ehemaligen Professors William Dunkel näher kennengelernt hat.

Während eines Diensturlaubs legt Frisch im Sommer 1940 seine Prüfungen für das Architekturdiplom ab. Er ist bereits einige Zeit in einem Architekturbüro in Baden tätig, als ihm William Dunkel eine Anstellung in seinem Züricher Büro anbietet. Seine Entscheidung für den Architektenberuf erklärte Frisch im übrigen ähnlich wie sein Interesse für das Theater. Beiden Sujets eigne eine konkrete dingliche Dimension, die der Feuilletonist und Romancier immer wieder vermißt zu haben scheint. Frisch begegnet hier etwas »Erotisches, Sinnliches«, eine Welt, die ihrer Struktur nach nicht auf den intellektuellen Entwurf beschränkt bleibt, sondern darüber hinaus Handlungen anderer evoziert. Durch derlei Aktivitäten erlebt sich Frisch im »sozialen Gefüge« als ein »Tätiger«: »Ich habe zu tun mit Behörden, mit Arbeitern, mit Unternehmern, mit Geldgebern, und zwar nicht als einer, der aushorcht, sondern in der Funktion des Architekten.« (GmA, 16)

Die Graduierung und standesgemäße bürgerliche Einbindung in ein festes Anstellungs- und das bald darauf geschlossene Eheverhältnis begreift Frisch für sich als persönlichen Erfolg, ja als Befreiung aus den Fesseln seiner bisherigen nonkonformistischen Existenz: »Ich bin nicht mehr Student und nicht mehr Schriftsteller, ich gehöre zur Mehrheit … Ich bin dreißig und

Wir leben auf einem laufenden Band und es gibt keine Hoffnung, daß wir uns selber nachholen und einen Augenblick unseres Lebens verbessern können … **Die Zeit verwandelt uns nicht. Sie entfaltet uns nur …** Man ist, was man ist. Man hält die Feder hin, wie eine Nadel in der Erdbebenwarte, und eigentlich sind nicht wir es, die schreiben; sondern wir werden geschrieben. Schreiben heißt sich selber lesen. (Hervorh. L.W.)

*Tgb I, II, 360f.*

habe endlich einen Brotberuf ... Ich kann heiraten.« (Mon, VI, 703f.) Der Lohn der ›Anpassung‹: Frisch bezieht in der Witikonerstraße 482 die erste eigene Wohnung (Ende 1940).

Am 30. Juli 1942 findet die Hochzeit mit Gertrude Anna Constance von Meyenburg statt, worauf ein weiterer Umzug folgt. Das junge Ehepaar zieht in die Zollikerstraße 265. Später mietet er noch ein Mansardenzimmer hinzu, in das er sich zum Schreiben zurückzieht.

Die Herkunft seiner Frau aus namhaftem großbürgerlichem Hause bringt gewisse Verpflichtungen mit sich – immerhin haben die von Meyenburg in ihrem Haus u.a. Goethe und Winston Churchill als Gäste begrüßen dürfen; während des Zweiten Weltkriegs bittet man eine Vielzahl hochkarätiger Sänger und Musiker zu kammermusikalischen Ereignissen in den hauseigenen Festsaal. Die Heirat bedeutet für Frisch einen gewaltigen sozialen Karrieresprung. Er bewegt sich nun »offiziell« in Kreisen, mit denen er bislang nur durch seinen Freund Werner Coninx – neben dem Architekten Rolf Hässig einer der Trauzeugen – in Verbindung gekommen war.

Frisch hat rückblickend nachdrücklich darauf verwiesen, daß die Entscheidung für die »bürgerliche Existenz« bewußt gefällt wurde. Er wollte endlich »dazu gehören« und sich als jemand bekennen, der die bürgerliche Welt zu schätzen und zu achten wisse. Schon bald zeigte sich, daß Frisch in dieser Hinsicht höchst naiv agierte. Während er auf bürgerliche Tugenden im besten Sinne des Wortes setzte, mußte er feststellen, daß auch Teile des Bürgertums ihre Interessen in höchst eigensüchtiger Weise verfolgten – und sei es um den Preis von Heuchelei.

Zunächst jedoch konsolidiert sich Frischs Situation. So gewinnt er die Ausschreibung eines städtischen Bauvorhabens, die Errichtung des Schwimmbads Letzigraben mit dazugehörenden Nebengebäuden, ein mit 4,5 Mio. SFr veranschlagtes

---

Die **von Meyenburg** gelten in Zürich als eine der ersten Familien, wobei nicht nur soziales und finanzielles Kapital eine wichtige Rolle spielten. Der Großvater von Frischs Frau etwa war ein in der Schweiz geschätzter Bildhauer, während ihr Vater als anerkannter Pathologe an der Züricher Universität tätig war.

»1942 heirate ich eine ... Kollegin, weil ich sie liebe. Der Verdacht der Freunde, dass ich Geld heirate, berührt mich nicht; ihr Elternhaus verbindet herrschaftliche Würde mit Sparsinn ...« (Mon, VI, 733).

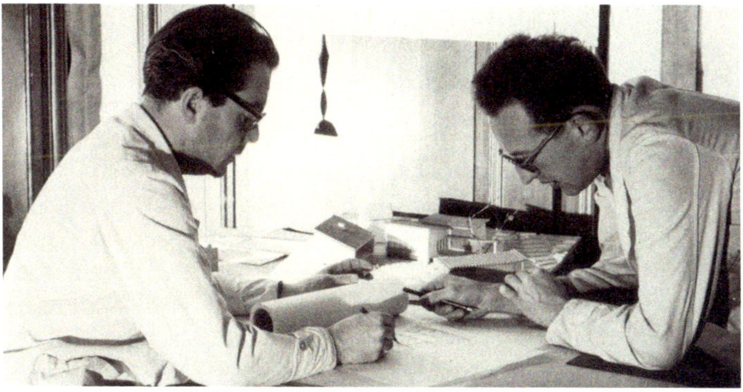

29 Max Frisch und Hannes Trösch in Frischs Architekturbüro, 1952

Projekt. Der vormals angestellte Architekt macht sich selbständig und beschäftigt zeitweilig zwei Zeichner. Auch in privater Hinsicht scheint der Wechsel ins bürgerliche Leben von Erfolgen beglänzt: 1943 kommt die Tochter Ursula zur Welt und in den Jahren darauf zwei weitere Kinder (Hans Peter 1944, Charlotte 1949). Doch in Wahrheit pflegt Frisch ein weit »komplexeres« Verhältnis zur Ehe als gemeinhin angenommen. Mehrere mehr oder weniger bedeutsame Liebesbeziehungen wechseln einander ab, bis er und seine Frau sich schließlich 1954 trennen; geschieden wird die Ehe allerdings erst 1959.

Aber auch in beruflicher Hinsicht ergeben sich Probleme. Aufgrund der durch die Kriegswirren bedingten prekären ökonomischen Zustände sind Baumaterialien äußerst knapp, und Projekte wie das eines Schwimmbads stehen auf der Prioritätsskala entsprechend weit unten. Zwischen 1942 und 1947, dem Jahr, als endlich mit dem Bau des Schwimmbads Letzigraben begonnen wird, verfügt Frisch über genügend Zeit, seine Entscheidung für den eingeschlagenen Weg wieder und wieder zu überdenken:

**Frischs Bauprojekte (Auswahl)**
Während des Militärdienstes ist Frisch für diverse Bunkerbauten zuständig. Zusammen mit seiner Frau entwirft und realisiert Frisch ein kleineres Einfamilienhaus für seinen Bruder (1942). 1943 entstehen Entwürfe eines Hauses für den mit Frisch befreundeten Emil Staiger. 1944 nimmt das Ehepaar Frisch erfolglos an einer Ausschreibung für eine Erweiterung des Züricher Kunsthauses teil. 1947 ist Baubeginn für das Schwimmbad Letzigraben. Ferner entwirft Frisch ein Landhaus. Die Bauten wirken insgesamt eher konventionell, sie sind funktional und keinesfalls spektakulär.

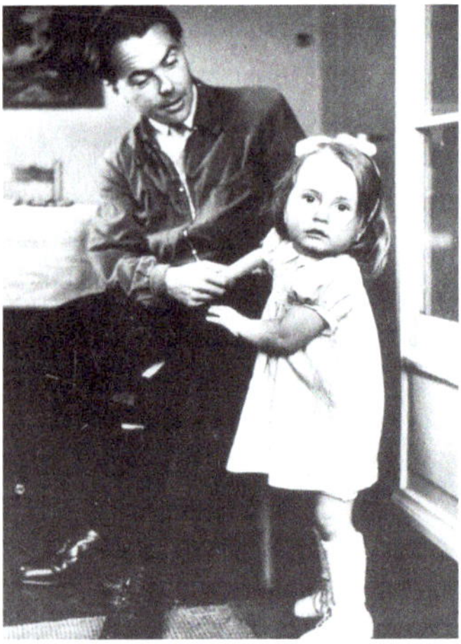

30, 31 Max Frisch mit Tochter
Trudy Frisch mit dem vierjährigen Sohn Peter, 1948

Ist er eigentlich doch Schriftsteller und damit Künstler und damit per se für ein bürgerliches Leben ungeeignet?

Bis zum Baubeginn entstehen einige literarische Arbeiten, die Frisch zum Anlaß nimmt, seine Rolle zu thematisieren. Während er als Architekt und Ehemann sogenannten bürgerlichen Erwartungen gerecht zu werden sucht, nimmt er in seiner Eigenschaft als Autor mögliche Alternativen zum eingeschlagenen Weg in den Blick. Daß sich Frisch angesichts der zeitpolitischen Gegebenheiten und und insbesondere des beständig zunehmenden Wissens über nationalsozialistische Greuel zur Stellungnahme ›gezwungen‹ sieht, kann wohl zu Recht als Ausweis eines in entscheidenden Dingen höchst aufmerksamen moralischen Sinnes gelten.

Im Vordergrund der schriftstellerischen Arbeit während der Jahre 1942 und 1943 steht der 1944 im Züricher Atlantis-Verlag erscheinende Text

Die schlichte Nachricht, daß ein Kind gezeugt worden ist, hat mich gefreut: der Frau zuliebe.
*Mon, VI, 689*

›J'adore ce qui me brûle oder Die Schwierigen‹ [»Ich bewundere, was mich verbrennt«]. Zum einen thematisiert Frisch hier die Schwierigkeiten, die sich ergeben, wenn Männer und Frauen in nähere Beziehung zueinander treten. Zum anderen untersucht er die Tragfähigkeit bürgerlicher Normen, wie sie sich etwa in den allgemeinen, gänzlich unhinterfragt gepflegten Vorstellungen von der Ehe manifestieren. Im Hinblick auf den von der NZZ zugesagten Vorabdruck kam es zwischen Korrodi und Frisch zu einer nervenaufreibenden Auseinandersetzung. Immer wieder neue Änderungswünsche Korrodis, auf die Frisch zunächst noch bereitwillig einging, führten dazu, daß Frisch schließlich auf den Abdruck verzichtete: »Sie werden verstehen, dass ich selber nicht die Zeit habe und nicht das Recht, in dieser zusätzlichen Weise verdienstlos zu arbeiten, letztlich auch nicht die innere Robustheit, den eigenen Roman, nachdem ich ihn eben erst für ihre Zeitung korrigierte, ein sechstes Mal niederzuschreiben.« (An Korrodi, 3. Februar 1943; MFA)

Im übrigen zeigt Frisch die Protagonisten dieses Romans als Scheiternde, die sich ihres »Strebens nach Selbstverwirklichung« wegen letztlich immer wieder auszubrechen genötigt sehen. Im Mittelpunkt steht der Maler Jürg Reinhart. Er demonstriert anhand dieser (dem gleichnamigen Romanerstling von 1934 entnommenen, nunmehr weiterentwickelten) Figur, wie dessen Versuche, künstlerische und bürgerliche Existenz miteinander zu »versöhnen«, mißglücken. Gleichzeitig erweist sich, daß unter solchen Voraussetzungen auch ein glückendes Zusammenleben zwischen Mann und Frau ausgeschlossen ist. Jürg scheitert als Künstler ebenso wie als Geliebter und potentieller Ehemann. Er endet schließlich in einer Irrenanstalt, wo er sich das Leben nimmt.

Frisch hätte kaum deutlicher als in diesem Text all die Probleme ansprechen können, die ihn in den kommenden Jahren unmittel-

Was bin ich denn? Ein Mann von dreißig Jahren, der just sein eigenes Brot verdient. Hälfte des Lebens, Menschenskind, Hälfte des Lebens! Wann wird man denn endlich erwachen und aufstehen? Wann, du lieber Gott, wann kommt denn die Reife, die man als Jüngling in jedem Erwachsenen neidvoll vermutete? Wann fängt es denn an, das wirkliche, das sinnvolle, wesentliche Leben? Hälfte des Daseins, die hinter ihm liegt, ein Haufen von verbrannten Bildern, verkohlt, in Asche verblasen, vergangen, nie gewesen. *›Schw‹, I, 497*

bar beschäftigen werden. Während Jürg Reinhart den Anforderungen nicht genügen kann, betreibt der mit seiner bürgerlichen Existenz hadernde Architekt, Ehemann und Familienvater Max Frisch eine neuerliche Annäherung an die nun wieder positiv bewertete Rolle des Künstlers. Darüber hinaus wird ihm zunehmend deutlich, daß seine bisherige Sichtweise der Korrektur bedarf. Wo bislang ein ganz und gar »individualistischer« Ansatz vorherrschte, gerät nun zunehmend ins Spiel, daß jeder einzelne auch von gesellschaftlichen Zusammenhängen her in den Blick zu nehmen ist. Diese Entwicklung beginnt Anfang der vierziger Jahre. Die zu diesem Zeitpunkt erneut einsetzende intensive Beschäftigung mit dem Theater spielt dabei eine wichtige Rolle. Insofern nämlich im Drama dem funktionalen Zusammenspiel aller involvierten Elemente üblicherweise eine entscheidende Bedeutung zukommt, ist der jeweilige Autor weit eher als in der Prosa gezwungen, multiperspektivisch zu arbeiten. Nicht weniger bedeutsam ist der zeitpolitische Bezug, der viele Arbeiten für die Bühne auszeichnet. Es läßt sich von daher nachvollziehen, daß sich für Frisch die Frage nach Engagement und Verantwortung des Künstlers in den folgenden Jahren als zentrales Thema erweist. In seinem im November 1943 in der NZZ publizierten Aufsatz ›Von der guten Laune und vom Ernst der Zeit‹ (I, 220–224) beschäftigt ihn die Frage nach dem wechselseitigen Verhältnis zwischen Politik und Literatur. Noch ist er der Ansicht, daß das konkrete historische Geschehen den einzelnen zwar in seiner Zeitgenossenschaft betrifft, der Künstler hingegen sich einzig auf sein Werk zu konzentrieren habe und deshalb in einer der Welt sozusagen enthobenen Sphäre arbeiten müsse.

Der »Zeitgenosse« Max Frisch bezieht damals bereits eindeutig Stellung. Alles andere als blind für die Schrecknisse der Zeit, fordert er etwa im Rahmen eines feuilletonistischen Beitrags konkrete Hilfsmaßnahmen für Flüchtlinge. Auch wenn er sei-

**Frisch über den »Standort« Schweiz:** Wir haben den Krieg nicht am eigenen Leib erlitten … andererseits haben … auch wir ein Erleben von den Dingen, die ringsum geschehen und die, wie jeder weiß, auch unser Schicksal bestimmen. Der Krieg geht uns im höchsten Grade an … Unser Glück ist ein scheinbares; wir sind nicht imstande, es wirklich zu genießen inmitten eines Leichenfeldes, am Rande einer Folterkammer, wir hören die Schreie, aber wir sind es nicht selber, die schreien; wir selber bleiben ohne die Tiefe des erlittenen Leides, aber dem Leiden zu nahe, um lachen zu können. *II, 285f.*

nem ästhetischen Verständnis nach die Künste nicht in die Auseinandersetzung mit der Gegenwart gestellt sehen möchte, beweist er doch genügend Urteilsvermögen in zeithistorischen Angelegenheiten. Dies verdeutlichen die essayistischen Texte aus der Zeit kurz vor und unmittelbar nach Beendigung des Zweiten Weltkriegs. Im übrigen verbinden sich für Frisch mit dem Kriegsgeschehen durchaus auch persönliche Erfahrungen. In Zürich etwa, keine 100 km von der Grenze zum Deutschen Reich entfernt, hört man zuweilen deutlich den Lärm von Kampfflugzeugen. Und wer kann denn garantieren, daß nicht doch einmal Bomben auf Schweizer Boden fallen … »Sieben Jahre lang waren wir gefangen, und ich könnte erzählen, wie wir an der Enge dieser langen Jahre litten, als der deutsche Ring um uns lag«, schreibt Frisch Ostern 1946 (II, 312).

Mehr oder weniger zufällig – angeblich hatte ihn der Direktor des Züricher Schauspielhauses, Kurt Hirschfeld, 1943 auf der Straße angesprochen und aufgefordert, Dramen zu schreiben – gerät Frisch ans Theater. Ehe er mit Stücken wie ›Nun singen sie wieder‹ und ›Als der Krieg zu Ende war‹ zur Kriegsproblematik bzw. zu damit einhergehenden Themen, etwa der Schuldfrage oder der Rolle der Schweiz im Dritten Reich, Stellung bezieht, greift er in Texten wie etwa ›Santa Cruz‹ noch einmal autobiographische Problemstellungen auf. Diese haben für ihn weiterhin eine besondere Bedeutung: Wie ist es möglich, ein gelingendes Leben zu führen, nicht zu verkümmern oder gar zu resignieren? In seinem kurzen Text ›Was bin ich?‹ (1932) hatte sein Alter ego – sozusagen programmatisch – verkündet: »Ich will mich nicht lebendig begraben.«

Frisch bedenkt die unterschiedlichen Gefährdungen, die einem etablierten Mitglied der Gesellschaft seiner Ansicht nach begegnen. Er ist gerade einmal zwei Jahre verheiratet und Vater zweier Kinder, als er in ›Santa Cruz‹, einem Stück aus dem Jahr

32 Kurt Hirschfeld (1902–1964) begann seine Theaterlaufbahn 1930 am renommierten Darmstädter Theater. 1933 emigrierte er nach Zürich, wo er bis Anfang der 60er Jahre Regie führte, u. a. bei einigen der wichtigsten deutschsprachigen Theaterpremieren. Max Frisch verdankt ihm uneingeschränkte Förderung; die Freundschaft zwischen beiden war für ihn und seine Erfolge in der Nachkriegszeit mit entscheidend.

Ein Wunderbares ist es um die Ehe. Sie ist möglich, sobald man nichts Unmögliches von ihr fordert, sobald man über den Wahn hinauswächst, man könne sich verstehen, müsse sich verstehen; sobald man aufhört, die Ehe anzusehen als ein Mittel wider die Einsamkeit. Dort liegt das Unmögliche! Sobald man ein Gefühl davon gewinnt, daß die Ehe einfach ein Dienst ist, ein Verfahren fürs tägliche Leben. Einfach zwar nicht, oh, gar nicht! Wehmut muß fallen, und man darf keine Brücken bauen über das Schmerzliche, die Trug sind. Es geht auch ohne das; nur ohne das geht es. *Schw, I, 551*

1944, ein ausweglos unglückliches Eheleben vor Augen führt. Im Mittelpunkt stehen die Sehnsucht nach Glück, nach vermeintlich grenzenloser Freiheit, nach ewiger Liebe, Vorstellungen also, wie sie zu Beginn des Erwachsenenlebens von vielen gehegt werden. Lassen sich all die Einschränkungen, die Alltäglichkeiten, die für das bürgerliche Leben bzw. die Ehe so typisch sind, und diese Sehnsüchte überhaupt miteinander in Einklang bringen, fragt Frisch hier.

Es liegt ihm offenbar wenig daran, das Thema im Sinne eines Ibsen oder Strindberg zu »dramatisieren«. Er bietet vielmehr ein unterhaltsames Spiel, in dem er die Thematik auf ein gesellschaftliches Grundproblem hin fokussiert: Was wäre – frei nach Rousseau –, wenn sich die Protagonisten jener Fesseln und Ketten entledigten, die sie sich doch freiwillig angelegt haben? Davon ausgehend, »daß wir offenbar ein Schicksal haben, ein Kreuz, das man auf sich nehmen muß, eine crux oder cruz, um spanischer zu reden« (II, 76f.), gibt Frisch in ›Santa Cruz‹ die zwar versöhnlich klingende, doch nur bedingt überzeugende Antwort, daß wir uns unserer Träume und Sehnsüchte nicht zu schämen brauchen. »Die Liebe ist größer, die Treue ist tiefer, sie muß unsere Träume nicht fürchten, wir müssen die Sehnsucht nicht töten, wir müssen nicht lügen«, heißt es beispielsweise von seiten der Ehefrau. Und ihr Mann antwortet: »Ich verwünsche nichts, was ich erlebt habe, und nichts, was ich erlebt habe,

PELEGRIN: Soll ich mich um des Kindes willen begraben, muß ich mich selber umbringen, damit es leben kann! … Elvira! Ich sehe es vor Augen, wie wir an einem festen und sicheren Orte sitzen: ich werde Kohlen schaufeln, damit wir leben können oder meinen, daß wir leben, oder ich handle mit Lebertran. Warum nicht! … Ich werde nicht rasten und ruhen, Tag für Tag, Woche um Woche, Jahr um Jahr, damit wir leben können, in Sicherheit leben können. Wozu wir leben? Wozu – der Lebertran will es, die Pflicht, die Sicheheit für Weib und Kind … Elvira, ich kann das nicht.– *›Santa Cruz‹, II, 50* wünsche ich noch einmal zurück.« Daß sie sich 17 Jahre lang ihrer Träume schämte und er 17 Jahre lang seine Träume begrub, beschwört jedoch keine Katastrophe herauf. Statt dessen vergibt man einander schließlich. Man hat sich als lernfähig erwiesen und ist »klüger« geworden. Offenkundig macht es für Frisch keinen Sinn zurückzudrängen, was den jeweiligen Menschen als Traum oder Sehnsucht bewegt. Verleugnen wir hingegen unsere Träume, verbleiben wir als »Glücklose« in der Welt.

Die Frage nach dem Weg des Glücks bestimmt auch die etwa zur gleichen Zeit entstandene erste längere Ich-Erzählung ›Bin oder Die Reise nach Peking‹. Hier bekennt der Erzähler, daß es gewiß falsch sei, die eigenen Träume aufzugeben. Dergleichen stelle nichts weniger als eine Art freiwilliger seelischer Selbstverstümmelung dar. Bescheiden spricht Frisch später von ›Bin‹ als »einer Träumerei in Prosa«. Gezeigt werden die Anstrengungen eines Mannes, der seiner existentiellen Freiheit wegen glaubt ausbrechen zu müssen aus dem einengenden Gehege seiner Berufs- und Familienwelt. Den Beginn dieser Ich-Erzählung, die mit vordergründig schlichten Mitteln die innere Welt des Protagonisten entwirft, markiert ein Bekenntnis zur Freiheit: Jenseits aller ideologischen Vereinnahmungen findet sich der Mensch »frei für sein Glück«.

In ›Bin‹ versucht Frisch einmal mehr eine Standortbestimmung. Er möchte herausfinden, weshalb so vieles geradezu zwangsläufig eine Entwicklung zu nehmen scheint, die in den meisten Fällen nicht der ursprünglichen Absicht entspricht: »Wenn wir nicht wissen, wie die Dinge des Lebens zusammengehören, so sagen wir immer: zuerst, dann, später. Der Ort im Kalender! Ein anderes wäre natürlich der Ort in unserem Herzen, und dort können Dinge, die Jahrtausende auseinanderliegen, zusammengehören, sich gar am nächsten sein, während vielleicht ein Gestern und Heute … einander nie begegnen.«

Unser Bewußtsein als das brechende Prisma, das unser Leben in ein Nacheinander zerlegt, und der Traum als die andere Linse, die es wieder in sein Urganzes sammelt; der Traum und die Dichtung, die ihm in diesem Sinne nachzukommen sucht –

*Tgb I, II, 361f.*

(›Bin‹, II, 617) Während sich Frisch in seiner Rolle als Schriftsteller wünscht, »man müßte erzählen können, so wie man wirklich erlebt«, hofft er als konkrete Person: Man müßte leben können, so wie man wirklich ist.

Natürlich kann diese Erzählung in gewisser Weise auch als eine »Lebensbeichte« (Urs Bircher) gesehen werden, die Frisch in erster Linie an seine Frau adressiert, um ihr zu erklären, warum er weder ein treuer Mann noch ein reuiger »Ehebrecher« sein kann. Doch bleibt eine derart enge biographische Auslegung problematisch. Frisch betreibt weniger die Rechtfertigung eines in Liebesdingen tendenziell maßlosen Mannes, sondern denkt vielmehr darüber nach, welchen Problemen er sich als Schriftsteller gegenüber sieht. Daß er dabei die Rolle eines nach (Liebes-)Abenteuern suchenden Ehemanns aufgreift, der am Ende »aus Peking« zurückkehrt, sein Kind auf den Schoß nimmt und fragt: »Wem es gleicht? – Am ehesten, so will mich … dünken, gleicht es Bin, der uns nach Peking führt – Peking, das ich nie erreichen werde«, dies gibt ein höchst tröstliches Schlußbild, wenngleich es nicht in bloßer Affirmation aufgeht. Frisch ist im Aufbruch, er will Veränderung und versucht, in immer neuen Ansätzen seine Aufgabe, sein Selbstverständnis zu erkunden. Daß sich im Verlauf dieses Prozesses eine höchst kritische Sicht auf die ihn »wohl behütende« bürgerliche Welt zunehmend Bahn bricht, ist in seinen Konsequenzen zu diesem frühen Zeitpunkt indes noch nicht abzusehen.

In der Sklaverei, die unser sogenannter Beruf tatsächlich darstellt, denke ich oft an Dich, lieber Werner … Vor kurzem war ich mit dem Chef in einer großen Uhrenfabrik, die wir erweitern sollen; nachher war ich wie erschlagen, einer Depression ausgeliefert wie schon ziemlich lange nicht mehr, einer Depression, die mir jeden Genuß einer persönlichen Melancholie versagte, nachdem ich die Leute an ihren Werkplätzen gesehen habe, Burschen und Männer, alte Weiblein, jüngere Mädchen, die hier, aufgereiht wie auf einer Galeere, für einen ausgeklügelten Stundenlohn ihre guten Jahre verschachern. Was bleibt ihnen schon anderes übrig? … Das Ganze ist ein Erlebnis, und ich habe in letzter Zeit mehr und mehr Mühe, meinem Chef mit Freundlichkeit zu begegnen; im Grunde ist er ein Gauner, einer von sehr vielen. Für eine Arbeit, die er mich in einem Monat machen läßt …, zahlt er mir die vereinbarten funfhundert Franken; er bekommt dann noch sechstausend – für höchstens drei Tage eigner Arbeit: dafür muß ich ein volles Jahr arbeiten. Dann komme ich um die Frage, ob er ein so viel kostbarerer Mensch ist als ich, nicht mehr herum.

*Brief an Werner Coninx, 25. Juli 1943, in: ›Sehenszeit‹, 8*

# »Verändern wollen wir alle«

In den Jahren zwischen 1933 und 1945 gewinnt das Züricher Schauspielhaus enorme Bedeutung. Hier werden auch die Stücke jener Autoren gespielt, die als Exilautoren in der Schweiz leben und deren Werke während des Zweiten Weltkriegs, nirgendwo in Europa zur Aufführung gelangen. Hier erleben Stücke wie Brechts ›Mutter Courage‹ oder Sartres ›Fliegen‹ ihre Ur- bzw. Erstaufführung, werden Arbeiten von Thornton Wilder, Jean Anouilh und Jean Giraudoux auf die Bühne gebracht. Vom Leiter, Kurt Hirschfeld, immer wieder einmal zu Proben eingeladen, macht Max Frisch hier kaum hoch genug einzuschätzende unmittelbare Theatererfahrungen. Im Rückblick wird erkennbar, daß Frisch in einen produktiven Konflikt mit bis dahin von ihm favorisierten Positionen gerät.

33 Nach Abzug der deutschen Truppen suchen Angehörige nach getöteten Familienmitgliedern – Krieg als absolute soziale Katastrophe

Verändern wollen wir alle – darin sind wir uns einig, und es geht jedesmal nur darum, wie die Veränderung möglich sein soll; es ist nicht die erste Nacht, die wir dieser Frage opfern. Die einen glauben, es bleibe uns nur noch die Entdeckung der menschlichen Seele ... Die anderen dagegen sind überzeugt, daß sich der Mensch in dieser Welt ... nicht verändern kann; also müssen wir vor allem die Welt verändern, ... damit der Mensch ... sich seinerseits erneuern kann ... Damit kommen wir dann jedesmal auf die andere Grundfrage. Gibt es einen Zweck, – der unsere Mittel heiligen kann? *Tgb I, II, 487f.*

34 Szenenbildentwurf von Teo Otto zur Züricher Uraufführung von Brechts ›Mutter Courage‹ am 19. April 1941

Und die ihm später gestellte Frage, weshalb er sich nicht bereits während des Krieges zu all den Greueln künstlerisch geäußert habe, beantwortet er dahingehend, daß ihm die notwendigen handwerklichen Mittel gefehlt hätten, um Überzeugendes leisten zu können.

Offensichtlich erlebt er den engen Kontakt mit dem »Theaterleben« und den Umgang mit ihm ähnlichen Geistern als höchst förderlich. Daß Hirschfeld ihm zudem das Angebot macht, ihn in seinen Anstrengungen als Dramatiker zu unterstützen, meint nichts anderes, als sich in einer denkbar günstigen Ausgangsposition wiederzufinden. Dies schlägt sich in entsprechenden, deutlich professionellen Arbeiten nieder: u. a. in den Stücken ›Santa Cruz‹ (1944, uraufgeführt 1946) und ›Nun singen sie wieder‹ (1945). In ihnen verschafft sich ein Autor Gehör, für den die schriftstellerische Tätigkeit augenscheinlich von existentieller Be-

35 Bertolt Brecht und Helene Weigel, 1939. 1928 heiratete Brecht H. Weigel, die er bereits 1922 kennengelernt hatte. Gemeinsam 1933 in die USA emigriert, kehrte man erst 1947 nach Europa zurück. 1949 erfolgt der Umzug nach Berlin und die Gründung des Berliner Ensembles; 1949 bis 1971 leitet es H. Weigel. Ein Besuch der Brecht-Weigel-Gedenkstätte in Berlin vermittelt lohnende Eindrücke vom bewegten Leben des Paares.

deutung ist und der die sich ihm bietenden Chancen ergreift: »Was heißt Ermunterung? Ich kann einen Maler, zum Beispiel, noch so herzhaft ermuntern, ein Fresko zu versuchen, und es heißt gar nichts, wenn ich ihm nicht eine Wand, so groß wie meine Ermunterung, zur Verfügung stelle. Das hat das Zürcher Schauspielhaus getan ...« (GmB, 23)

Das erste zur Aufführung gelangende Drama Frischs ist das deutlich von Thornton Wilder und Bertolt Brecht inspirierte Kriegsstück ›Nun singen sie wieder‹. Es handelt von der Erschießung einer Gruppe von Geiseln, die angesichts des unmittelbar bevorstehenden Todes zu singen beginnen. Diesem Moment verdankt sich der Titel des Dramas. Im Mittelpunkt steht die Frage, wer in diesem Krieg in welcher Weise persönlich schuldig wurde. Frisch konzentriert sich auf die seelische Befindlichkeit der Protagonisten. Dabei interessiert er sich sowohl für die Täter als auch für die Opfer. Wie ergeht es einem, dem man befahl zu töten und der damit im nachhinein nicht fertig wird? Der Todesschütze desertiert und kehrt schließlich in ein höchst desaströses »Zuhause« zurück. Allen bleibt nur der Tod. Der zweite Teil des Stücks spielt im Jenseits. Jetzt begreift der Soldat, daß zu töten ausnahmslos ein Verbrechen darstellt, das letztlich immer auf die Täter zurückfällt: »Es gibt keine Ausflucht in den Gehorsam, auch wenn man den Gehorsam zu seiner letzten Tugend macht, er befreit uns nicht von der Verantwortung« (II, 104). Der Soldat mag in bestimmten Situationen gezwungen sein, den Exekutionsbefehl auszuführen, doch bedeutet die Befolgung eines solchen Befehls, nicht weniger als seiner persönlichen Verantwortung nicht gerecht zu werden. Und die Überlebenden? Sie scheinen einfach nur ratlos weitermachen zu müssen wie seit jeher.

Man hat später von literaturwissenschaftlicher Seite kritisch angemerkt, Frisch habe die Auseinandersetzung mit dem Nationalsozialismus ins Abstrakt-Metaphysische verlegt. Es darf

36 Das Werk des Amerikaners Thornton Wilder (1897–1975) ist in unübersehbarer Weise von humanistischen Grundgedanken geprägt. Werke: ›Die Brücke von San Luis Rey‹ (1927), ›Die Iden des März‹ (1948) u. v. a. Stücke wie ›Unsere kleine Stadt‹ (1938, DE 1939 in Zürich) oder ›Wir sind noch einmal davongekommen‹ (1942, DE Zürich 1944) bildeten wichtige Beiträge im Hinblick auf die Frage nach der Verantwortlichkeit der Menschen füreinander.

**An die deutschen Soldaten im Osten:**

1 / Brüder, wenn ich bei euch wäre/Auf den östlichen Schneefeldern einer von Euch wäre/Einer von euch Tausenden zwischen den Eisenkärren/Würde ich sagen, wie ihr sagt: Sicher/Muß da ein Weg nach Hause sein.

Aber, Brüder, liebe Brüder/Unter dem Stahlhelm, unter der Hirnschale/Würde ich wissen, was ihr wißt: Da/Ist kein Weg nach Haus mehr.

Auf der Landkarte im Schulatlas/Ist der Weg nach Smolensk nicht größer/Als der kleine Finger des Führers, aber/Auf den Schneefeldern ist er weiter/Sehr weit, zu weit.

Der Schnee hält nich ewig, nur bis zum Frühjahr./Aber auch der Mensch hält nicht ewig. Bis zum Frühjahr/Hält er nicht.

Also muß ich sterben, das weiß ich./Im Rock des Räubers muß ich sterben/Sterbend um Hemd des Mordbrenners./Als einer der vielen, als einer der Tausende/Gejagt als Räuber, erschlagen als Mordbrenner.

2 / Brüder, wenn ich bei euch wäre/Mit euch trottete über die Eiswüsten/Würde ich fragen, wie ihr fragt: Warum/Bin ich hierhergekommen, von wo/ Kein Weg mehr nach Hause führt.

··· *(insgesamt 11 Strophen)*

*Bertolt Brecht, 1942*

jedoch nicht außer Betracht bleiben, daß Frisch dieses Stück keineswegs als ultimate Abrechnung mit Krieg und Nationalsozialismus verstanden wissen wollte. »Abrechnungen« im eigentlichen Sinne des Wortes wird es in der deutschsprachigen Literatur erst Jahrzehnte später geben (Martin Walser, Heinar Kipphardt, Rolf Hochhuth, Peter Weiss). Frisch hingegen thematisiert einige Aspekte der Frage nach der Schuld. Er sucht eine Vorstellung davon zu gewinnen, was eigentlich geschehen ist. Dabei betrachtet er die Situation nicht aus der Perspektive eines durch glückliche Umstände schuldlos gebliebenen Pharisäers, sondern nimmt den Blickwinkel der unmittelbar Betroffenen ein. Krieg nämlich stellt nach Ansicht Frischs eine Realität dar, die keine unbeteiligten Zuschauer kennt. Frischs aufrichtiges Bemühen, undifferenzierte Urteile auszuschließen, führt dazu, daß er in Deutschland zu einer öffent-

**Frisch über die zerstörten deutschen Städte:** Wenn man in Frankfurt steht, zumal in der alten Innenstadt, und wenn man an München zurückdenkt: München kann man sich vorstellen, Frankfurt nicht mehr. Eine Tafel zeigt, wo das Goethehaus stand. Daß man nicht mehr auf dem alten Straßenboden geht, entscheidet den Eindruck: die Ruinen stehen nicht, sondern versinken in ihrem eigenen Schutt, und oft erinnert es mich an die heimatlichen Berge, schmale Ziegenwege führen über die Hügel von Geröll, und was noch steht, sind die bizarren Türme eines vergitterten Grates … *Tgb I, II, 374*

Die ungeheure, oft mühselige Anstrengung der Nachkriegsliteratur hat ja darin bestanden, Orte und Nachbarschaften wiederzufinden. *Heinrich Böll*

lich respektierten Stimme avanciert. Man schenkt ihm Gehör und läßt sich auf seine Ausführungen ein. ›Nun singen sie wieder‹, am 29. März 1945 in Zürich uraufgeführt, kommt in der Spielzeit 1946/1947 auch in München und Hamburg auf die Bühne.

Frisch will herausfinden, welche Folgen dieser Krieg für Europa mit sich bringen wird. »Jetzt ist Sehenszeit«, heißt es programmatisch in einem von ungefähr 130 Notizheften, die er in den Nachkriegsjahren anlegt. Was Frisch später als Schreibzwang bezeichnet, zeigt ihn als einen Menschen, der offenbar von der Notwendigkeit »besessen« war, sich in einer ganz und gar veränderten Welt einen neuen Standpunkt zu erarbeiten. Unter der Hand zieht er dabei auch eine durchaus persönliche Bilanz hinsichtlich seiner bisherigen »hoffnungsvollen« Lebensentwürfe. Hieß es in den vergangenen Jahren allzu oft »Wer oder was bin ich?«, begegnet nun eine deutliche Teilnahme am Weltgeschehen. »Im Grunde ist alles, was wir in diesen Tagen aufschreiben, nichts als eine verzweifelte Notwehr, die immerfort auf Kosten der Wahrhaftigkeit geht«, heißt es im ›Tagebuch 1946–1949‹ (II, 376). »Notwehr« ist das entscheidende Stichwort:

37 Tony Vaccaro: ›Das zerstörte Frankfurt mit Schiller-Denkmal‹, 1946

Wer sich in einer solchen Situation befindet, kann nicht einfach tun und lassen, was ihm gerade in den Sinn kommt. Die Rolle des Schriftstellers wird dementsprechend neu definiert. Die Vorstellung vom Künstler, der sich im Schöngeistigen umtreibt und deshalb ohne Verantwortung sei, wird aufgegeben. Alle sind ins Geschehen verstrickt und haben dieser Tatsache zu genügen. Wer »die Last der persönlichen Freiheit« abwerfen will, macht sich erst recht schuldig. »Freiheit«, »Angst«, »Schuld«, »Verantwortung« – diese für das existentialistische Denken typischen Termini (ihrem Gehalt nach dem Philosophieren Kierkegaards, Jaspers', Camus' und Sartres bzw. damit einhergehenden Überlegungen verpflichtet) erweisen sich in dieser Zeit als für ihn maßgeblich. Seine Auseinandersetzung mit dem Kriegsgeschehen verdankt sich also einem von entsprechenden Vorstellungen geprägten intellektuellen Horizont.

Doch sind Frisch deutliche Grenzen gesetzt, schließlich ist er Architekt: »Schreiben am Feierabend. Ich will nicht ertappt werden dabei, daß ich im Büro etwas anderes treibe; nur für dringliche Einfälle liegt ein Zettel unter meinem Reißbrett.« (Mon, VI, 706)

Akribisch führt er über Ausgaben und Einnahmen Buch, die finanzielle Decke ist dünn. So ist es keineswegs leicht, einerseits die Familie über Wasser zu halten, andererseits dennoch die Si-

38 Aus Max Frischs Haushaltsbuch, 1943, dem sogenannten »Milchbüchlein«

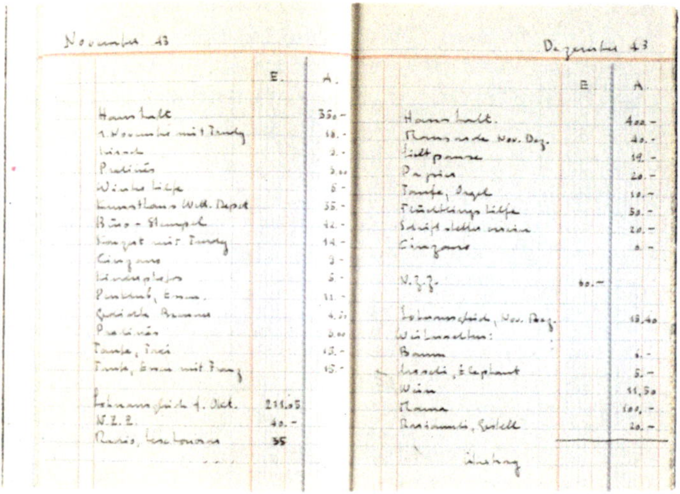

tuation in den Nachbarländern persönlich in Augenschein zu nehmen.

Anläßlich einer Einladung der US-Army, an der in München stattfindenden Erstvorführung von Leopold Lindtbergs kritischem Flüchtlingsfilm ›Die letzte Chance‹ (vgl. S. 50) teilzunehmen, unternimmt Frisch, elf Jahre nach seinem letzten Deutschlandbesuch, gemeinsam mit Kurt Hirschfeld im April 1946 seine erste Auslandsreise nach dem Krieg. Aus dem zerbombten München reist er nach Frankfurt, dann besucht er u. a. Würzburg und Nürnberg. In Frankfurt notiert er angesichts der auf den Bahnhofstreppen liegenden Flüchtlinge: »Sie würden nicht aufschauen, wenn mitten auf dem Platz ein Wunder geschähe ... Ihr Leben ist scheinbar, ein Warten ohne Erwartung, sie hangen nicht mehr daran; nur das Leben hangt noch an ihnen, gespensterhaft, ein unsichtbares Tier, das hungert und sie durch zerschossene Bahnhöfe schleppt, Tage und Nächte, Sonne und Regen« (Tgb I, II, 375f.). Mancher allerdings hält den Reisenden aus dem »Schlaraffenland Schweiz« für inkompetent, das deutsche Elend, den Krieg und das Ausmaß des erlittenen Leidens zu begreifen. Er reagiert verärgert und verweigert sich der ihm auf deutscher Seite begegnenden Agonie und Selbstgerechtigkeit. Schließlich hatte die kleine Schweiz ihre unmittelbare Nachbarschaft zum Deutschen Reich mit beständiger Furcht und Sorge bezahlen müssen. Weithin isoliert in einem zeitweilig gänzlich von Hitler und dessen Verbündeten beherrschten Europa, erwartete man tagtäglich den Überfall durch Truppen der deutschen Wehrmacht.

Aber auch in der Schweiz treffen Frischs Einlassungen zum Kriegsgeschehen zum Teil auf harsche Ablehnung. An exponierter Stelle, auf der Titelseite der NZZ, wirft der Redakteur Ernst Bieri anläßlich einer Aufführung von ›Nun singen sie wieder‹ Frisch vor, es habe sich da offenbar einer gefunden, der den

**Reisen 1946–1948:** Unmittelbar nach dem Krieg unternimmt Frisch zahlreiche Reisen. Nach Fahrten ins zerstörte Deutschland (1946) begibt er sich 1947 mit der Familie nach Portofino ans Ligurische Meer, sein Interesse gilt zugleich aber auch den italienischen Städten Genua, Mailand, Florenz und Siena, wo er sich mit den Bauwerken der Renaissance beschäftigt. 1947 reist er u. a. nach Prag, wo man gerade sein Stück ›Nun singen sie wieder‹ aufführt. Anfang 1948 reist er nach Wien und von dort aus erneut nach Prag. Im Mai ist er in Berlin, im Juli in Paris. Im August 1948, auf dem Weg nach Breslau, macht er wiederum in Prag Station.

deutschen Faschisten die Hand reiche, verbräme er doch den »Terror als Hervorlocker des Geistes«. Frisch versucht vergeblich – die Verantwortlichen sind nicht bereit, seine Entgegnung zu veröffentlichen – aufzuzeigen, daß die in Rede stehende Problematik »sich nicht nur innerhalb des deutschen Volkes, sondern innerhalb des einzelnen Menschen offenbart« habe. Wie kein anderer deutschsprachiger Schriftsteller dieser Zeit bringt Frisch präzise auf den Punkt, was mit vergleichbarer Deutlichkeit erst viel später von Intellektuellen und Schriftstellern wie Adorno, Habermas, Enzensberger, Weiss, Böll oder Grass reklamiert werden wird: »Nicht wenige von uns hielten sich lange an den tröstlichen Irrtum, es handle sich um zweierlei Menschen dieses Volkes, solche, die Mozart spielen, und solche, die Menschen verbrennen. Zu erfahren, daß sich beide in der gleichen Person befinden können, das war die eigentliche Erschütterung; es erschüttert das Vertrauen gegenüber jedem einzelnen, auch wenn er Mozart spielt, auch wenn er Mörike liebt wie wir.« (›Verdammen oder verzeihen‹, II, 292)

Frisch gewinnt zunehmend Klarheit über sich selbst und ist auch bereit, seine von ihm als humanistisch begriffene Haltung gegen eine einflußreiche Kulturelite zu behaupten, der schlichtweg alles als indiskutabel gilt, was nicht ihren konservativen Vorstellungen entspricht. Allerdings weiß Frisch nicht, wie es literarisch weitergehen soll. Nicht zuletzt deshalb kommt der in diese Zeit fallenden Begegnung mit Bertolt Brecht enorme Bedeutung zu.

»Wenn Brecht anrief, ließ [er] alles liegen und eilte hin«, erinnert sich der in Frischs Büro als Zeichner tätige Hannes Trösch. Im November des Jahres 1947 waren die beiden Schriftsteller einander bei Kurt Hirschfeld begegnet. Brecht sei der größte lebende Autor gewesen, den er bis dahin persönlich getroffen hatte, so Frisch später. Die Stücke des gerade erst aus dem amerika-

**Bewältigung traumatischer Erfahrungen**
Erst in den sechziger Jahren geriet in meist soziologisch bzw. psychoanalytisch motivierten Studien die Frage nach der individuellen Bewältigung von Täter- bzw. Opferrollen in der Zeit des Dritten Reichs deutlicher in den Blick. In diesem Zusammenhang erwarben sich die Psychoanalytiker Alexander und Margarete Mitscherlich große Verdienste. Ihre Veröffentlichung ›Die Unfähigkeit zu trauern. Grundlagen kollektiven Verhaltens‹ (1967) leitete auf breiter Ebene ein Umdenken ein.

nischen Exil Zurückgekehrten waren ihm ebenso wie dessen Lyrik zu diesem Zeitpunkt schon bestens vertraut. Brecht betrieb während seines über ein Jahr dauernden Aufenthalts in Zürich seine Übersiedlung nach Berlin und hatte darüber hinaus genügend Zeit, alte und neue Freundschaften zu pflegen und u. a. auch die Regie der Uraufführung von ›Herr Puntilla und sein Knecht Matti‹ am Schauspielhaus Zürich und die Modellinszenierung der ›Antigone‹ in Chur zu übernehmen. Bei einer der ebenfalls stattfindenden Lesungen Brechts hielt Frisch einen kleinen Vortrag, ein deutlicher Hinweis auf den Respekt, den er dem weltberühmten Autor entgegenbrachte.

39 Max Frisch mit Bert Brecht, 1948

So sehr sich Frisch an den politischen Standpunkten des in mancherlei Hinsicht orthodoxen Marxisten Brecht rieb – daß ihn dessen geistige Beweglichkeit, analytische Brillanz und intellektuelle Begeisterungsfähigkeit tief beeindruckten, räumte er stets unumwunden ein. Insbesondere Brechts Fähigkeit, Kritik konstruktiv zu äußern, so daß sie als motivierend begriffen werden konnte, bildeten für den nunmehr Sechsunddreißigjährigen eine ganz und gar neue Erfahrung. Neu war für Frisch auch Brechts handwerkliches Selbstverständnis, wonach allem Erreichten zum Trotz beständig nach neuen Ausdrucksmöglichkeiten zu suchen sei. Sich auf seinen Lorbeeren auszu-

Im Züricher Bücherkeller »Katakombe« las Brecht am 23. April 1948 eines seiner später berühmtesten Gedichte: ›An die Nachgeborenen‹: »... Was sind das für Zeiten, wo/Ein Gespräch über Bäume fast ein Verbrechen ist/Weil es ein Schweigen über so viele Untaten einschließt! ...« Frisch hatte zuvor einige einleitende Worte gesprochen. Im Anschluß an Brechts Vortrag trugen Therese Giehse und Helene Weigel weitere seiner Texte vor. In seinem Herrliberger Domizil hatte Brecht einen mit unzähligen Manuskripten angefüllten Überseekoffer, derart imposant, daß Frisch noch in seinem zweiten ›Tagebuch‹ davon spricht (VI, 20ff.).

ruhen, sich mit der Bewunderung für Vergangenes zu begnügen, statt weiterhin selbst zu denken, dergleichen war für Brecht nichts anderes als geistige Faulheit. Nichts hätte Frischs literarischer Entwicklung dienlicher sein können, als einem solchen Geist zu begegnen, der den Jüngeren in seinen literarischen Ambitionen nachhaltig bestärkte und gleichzeitig die gesellschaftliche Verantwortung anmahnte, die einem ernsthaften Schriftsteller auferlegt sei.

Etwa einmal in der Woche trifft man sich zu gemeinsamen Spaziergängen, Privates spielt jedoch keine größere Rolle, »unsere Gespräche waren nie Intimgespräche«, in erster Linie sei es um Theaterdinge und politische Themen gegangen, so Frisch. »Unser Gespräch wird fruchtbar immer dann, wenn ich ihm die Reflexion überlasse, meinerseits nur das Konkrete liefere« (Tgb I, II, 595) Die Begegnung mit Brecht bzw. die damit einhergehende intensive Auseinandersetzung mit dessen Werk markiert zugleich die Überwindung jedweder provinziellen Enge, wie sie bislang in Frischs Denken noch immer spürbar war.

Obgleich Brecht also in vielerlei Hinsicht als Vorbild fungierte, bewahrte sich der Schweizer seine Souveränität. Dementsprechend avancierte er niemals zum Brecht-Schüler, auch wenn nicht nur in zwei seiner berühmtesten späteren Theaterstücke, ›Biedermann und die Brandstifter‹ (1958) und ›Andorra‹ (1961), deutliche »Brecht-Spuren« zu finden sind.

Schon vor seiner Bekanntschaft mit Brecht (seit November 1947) hatte Frisch in seinem (dritten) Theaterstück, ›Die chinesische Mauer‹, das zeitgenössische dramatische Formenvokabular aufgegriffen. Im Anschluß an die »Romanze« (›Santa Cruz‹) hatte er ›Nun singen sie wieder‹ als »Versuch eines Requiems« begriffen. ›Die chinesische Mauer‹ wiederum bezeichnet Frisch als »Farce«, eine von ihm dezidiert ironisch getroffene Genrefestlegung, denn in dem Stück geht es um nichts Geringeres als

**Brechts ›Kleines Organon für das Theater‹** erschien zunächst 1949 und wurde später noch einmal erweitert. Es ist der einzige Text, den er Max Frisch in einer Manuskriptfassung aushändigte, um seine Meinung zu erbitten. Der weithin als Programmschrift des »Epischen Theaters« geltende Text bietet einen umfassenden Eindruck hinsichtlich dessen, was Brecht in diesen Jahren von einem modernen Theater verlangte. Als wesentliches Moment hierbei gilt ihm die Verfremdung (»V-Effekte«). Illusionen zu zerstören, erscheint Brecht als unabdingbares dramaturgisches Ziel.

den Fortbestand des Menschen. Er zielt auf ein hochbrisantes zeitpolitisches Thema, nämlich die mit der Erfindung der Atombombe gegebene Möglichkeit, die Menschheit auszulöschen: »Es gibt keine Arche gegen Radioaktivität.« Die Protagonisten repräsentieren 2000 Jahre abendländische Entwicklung. Unter anderem begegnen Publikum bzw. Leser Romeo und Julia, Brutus, Cleopatra, Emile Zola, Napoleon Bonaparte, Abraham Lincoln und ein sogenannter »Heutiger«.

Die Öffentlichkeit diskutierte anläßlich der Uraufführung der ›Chinesischen Mauer‹ am 10. Oktober 1946 in Zürich zwar heftig über das Stück, doch steht es heute deutlich im Schatten von Friedrich Dürrenmatts ›Physiker‹ (1962) und Heinar Kipphardts ›In der Sache J. Robert Oppenheimer‹ (1964). Mit dem jungen Friedrich Dürrenmatt verband Frisch im übrigen die »erste wichtige Kameradschaft« mit einem »produktiven Kopf«. In Fragen des schriftstellerischen Selbstverständnisses blieben sich die beiden allerdings immer fremd und sollten sich trotz des freundschaftlichen Umgangs mehr und mehr voneinander entfernen (vgl. S. 122). Kennengelernt hatte man sich im Zusammenhang mit der Inszenierung von Dürrenmatts erstem Stück ›Es steht geschrieben‹. Es wurde am 19. April 1947 mit großem Erfolg in Zürich uraufgeführt und löste bei Frisch uneingeschränkte Begeisterung aus. Endlich ein junger Schweizer Autor, dessen Arbeiten überzeugten. Am Abend der Premiere sprach er denn auch anläßlich des Theaterdebüts des zehn Jahre jüngeren Kollegen einige einführende Worte.

Den damals bedeutenden Kollegen Carl Zuckmayer (1896–1977) hatte Frisch wenige Monate zuvor persönlich kennengelernt. Die Züricher Uraufführung von ›Des Teufels General‹ am 14. Dezember 1946 führte zur Begegnung der beiden Autoren. Während ihn Zuckmayers Persönlichkeit sehr beeindruckt, steht er dem Stück ablehnend gegenüber.

40 Carl Zuckmayer. »Dass Zuckmayer ein Prachtskerl ist, den man lieben muss, sobald man ihn kennt, steht ausser Frage; aber das Stück, das die deutschen Theater vor dem Bankrott rettet und Triumphe feiert, die nur als Politikum zu werten sind, ist ein Unglück. / – formal / – politisch«, so Frisch in einem der zahlreichen blauen Notizhefte (vgl. Max Frisch/ Carl Zuckmayer. Briefwechsel. Hg. v. W. Obschlager, in: Zuckmayer-Jb, Bd. 3, 2000, 252).

# »Auf Dogmen ist bei mir kein Verlaß«

Was in den unmittelbaren Nachkriegsjahren viele Menschen umtrieb, war die Frage, wie ein beständiger Frieden zu erreichen sei. Überall in der in zwei große Machtblöcke zerfallenden Welt suchte man nach Konzepten, auch auf literarischem Gebiet. Frisch reist Ende August des Jahres 1948 nach Wrocław, dem vormaligen deutschen Breslau, um dort am »Congrès Mondial des Intellectuels pour la Paix« teilzunehmen. Man will in dieser geschichts- und kulturträchtigen Stadt, die im Krieg große Zerstörungen erlitten hatte, politische Wiedergutmachung leisten, zwischen Ost und West vermitteln. Doch die Teilnehmer des Kongresses, unter ihnen führende europäische Intellektuelle und Künstler (z. B. Picasso, Le Corbusier, Karl Barth, François Bondi, Georg Lukács) werden seitens der Gastgeber mit handfester politischer Propaganda konfrontiert. Es geht offenbar, im Gegensatz zur verlautbarten Zielsetzung, um den ideologischen Kampf zwischen Ost und West, der Kalte Krieg verschont auch die Welt der Künste nicht. Unter anderem spricht auch Hans Mayer, damals Professor an der Universität Leipzig. Er wird später im Westen zu Rang und Namen kommen und u. a. Frischs ›Gesammelte Werke in zeitlicher Folge‹ herausgeben (1976). Er wettert gegen Sartre, hetzt gegen André Gide, spricht der Kritik an seiner Auffassung jedes Recht ab und fordert den Schulterschluß im Sinne des sozialistischen Realismus. Frisch ist in eine minutiös geplante Veranstaltung geraten, bei der allerdings die Möglichkeiten, die sich aus der Zusammenkunft zahlreicher hochkarätiger Geister ergeben, ungenutzt bleiben. Frisch ist ganz und gar nicht einverstanden.

**Über den am Breslauer Kongreß teilnehmenden, damals eher orthodox marxistischen Literaturwissenschaftler Hans Mayer:** Ein deutscher Emigrant, den ich aus der Schweiz kenne, ein Literat, dessen brillante Vorträge über Thomas Mann in genauer Erinnerung sind, hat sich wacker entwickelt; Torten essend …, erklärt er mir den Unterschied zwischen bösem und gutem Terror. »Es hat keinen Sinn«, sagt er, »mit Leuten wie André Gide über Kultur zu sprechen.« … »Sagen Sie, drängt er: »was ist in den letzten drei Jahrzehnten schon geschaffen worden – außer in der Sowjetunion?« *Tgb I, II, 603*

Verärgert verläßt er den Kongreß vorzeitig, um, wie ursprünglich bereits geplant, weiter nach Warschau zu reisen und seine Eindrücke vom Zustand Europas zu vertiefen. Nüchtern hält er fest: »Warschau hat fast alles von seinem historischen Gesicht verloren, was mehr als nur ein stofflicher Verlust ist.«

Nach seiner Rückkehr in die Schweiz unterstellt ihm sein ehemaliges Hausblatt, die ›Neue Zürcher Zeitung‹, mit den Kommunisten zu sympathisieren. In den Zeiten des jetzt beginnenden weltanschaulichen Kampfs zwischen den Machtblöcken ist dies ein schwerwiegender Vorwurf, dazu geeignet, im Zweifel persönliche Karrieren abrupt zu beenden. Wie schon einmal lehnt man den Abdruck einer Entgegnung von Frisch ab, woraufhin dieser die Zusammenarbeit mit der bedeutenden Schweizer Tageszeitung für lange Zeit aufkündigt.

Die auf den verschiedenen Reisen gewonnenen Erfahrungen – so besuchte er beispielsweise mehrmals Deutschland und reiste nach Paris und Prag – tragen maßgeblich zur Klärung des eigenen Standortes bei. Was Frisch von der Literatur erwartet, faßt er in seinem Aufsatz ›Kultur als Alibi‹ (1949) zusammen. Auch wenn es in diesem zunächst als Vortrag konzipierten Text vordergründig um die Frage des Verhältnisses der Schweizer zu Deutschland geht (»Warum müssen wir Schweizer uns mit Deutschland befassen?«), im Mittelpunkt steht der Versuch, den Zusammenhang von Kultur und Politik vor dem Hintergrund der unmittelbaren Vergangenheit neu zu bestimmen: »Wer sich nicht mit Politik befaßt, hat die politische Parteinahme, die er sich sparen möchte, bereits vollzogen: er dient der herrschenden Partei«, heißt es im ersten ›Tagebuch‹ (II, 632). Dieser Einsicht liegt eine unmittelbare persönliche Erfahrung zugrunde: »Unser Vertrauen in die eigene Menschlichkeit [ist] erschüttert. Menschen, die ich als verwandt empfinde, sind Unmenschen geworden.« – »Wenn Menschen, die gleiche Worte sprechen

---

Exzessive **antikommunistische Propaganda** kennzeichnet das politische Klima der Schweiz in den fünfziger Jahren. Der Kalte Krieg bzw. die daraus resultierende »Verteufelung« aller kritischen Positionen ist zum einen das Ergebnis schierer Machtpolitik zwischen den Großmächten USA und UdSSR. Soweit man sich an der Politik der westlichen Vormacht orientierte, blieb dies natürlich auch innenpolitisch nicht ohne Folgen. Zudem vermochte man in der harschen Ablehnung des »linken Totalitarismus« das nicht unproblematische Verhalten gegenüber den rechtsradikalen Entwicklungen in den dreißiger und vierziger Jahren zu kompensieren.

wie ich und eine gleiche Musik lieben wie ich, keineswegs gesichert sind, Unmenschen zu werden, woher beziehe ich fortan meine Zuversicht, daß ich davor gesichert sei?« (II, 337 und 340) Fragen wie diese haben Frischs Ruhm befördert. Sie bilden gewissermaßen das »Markenzeichen« des Autors. Frisch bringt es in diesen Dingen im weiteren Verlauf seiner Karriere zu beeindruckender Meisterschaft. In seiner Arbeit begegnen distanzierte Bekenntnisse eines aufgeklärten kritischen Schriftstellers nicht weniger als leidenschaftliche Plädoyers einer immer auch sich selbst als involviert begreifenden Person. Der Poet Frisch entwickelt sich zum politisch denkenden Humanisten. Den Wert seiner Arbeit beurteilt er von einem moralischen Standpunkt aus, wobei seine zeitgenössischen Erfahrungen den Horizont abgeben, innerhalb dessen sich seine Urteile bewähren müssen. So sehr diese Haltung Frisch und Brecht miteinander verbindet, so wenig ist Frisch bereit, in weithin orthodoxen politischen Kategorien zu denken. Frischs zweites Kriegsstück ›Als der Krieg zu Ende war‹ (1949) gilt zu Recht als Veranschaulichung dieser Einstellung.

41 Frisch auf der Baustelle des Freibads Letzigraben, Bau 1947–1949. »Das Bad wurde im Sommer 1949 eröffnet. Frisch hatte die Funktionsgebäude in kleine Baukörper gegliedert und diese … in die Parklandschaft eingebettet. Natur und Architektur sollten, so der Kodex der vierziger Jahre, ›organisch‹ miteinander verschmelzen. Grazile Betonpfeiler und Holzkonstruktionen, Trennwände aus schmalen, verglasten Betongittern sorgten für optische Leichtigkeit. Das oktogonale Restaurationsgebäude auf dem alten Galgenhügel schwebte wie ein großer Sonnenschirm über der Anlage.« (Urs Bircher I, 216)

Die Jahre 1948 und 1949 sind aber nicht nur für den Schriftsteller, sondern auch für den Architekten Max Frisch von eminenter Bedeutung. Dank der ihm eigenen Arbeitsdisziplin kann er die Anforderungen, wie sie die beiden Berufe mit sich bringen, auch zeitlich bewältigen. Soweit dies der Schwimmbadbau am Letzigraben zuläßt, sind die Nachmittage für das Schreiben reserviert. Zur Arbeit fährt er mit dem Fahrrad. Erst im Alter von 48 Jahren, demnach im Jahr 1959, habe das Geld für den ersten VW gereicht, erklärt Frisch in einem Schülerinterview Mitte der siebziger Jahre. Der etablierte Autor erfüllt sich dann allerdings einen Traum und fährt einen Jaguar. Derlei liegt jedoch jetzt, Ende der vierziger Jahre, noch jenseits aller Möglichkeiten.

Während ihm die Begegnung und Freundschaft mit Kurt Hirschfeld den Weg zum Theater geebnet hat, wird ihn Peter Suhrkamp als Prosaautor durchsetzen. Ihm begegnet Frisch zum ersten Mal anläßlich der Premiere von Carl Zuckmayers ›Des Teufels General‹ am 25. November 1947 in Frankfurt. Schon bald erweist Suhrkamp sich als maßgeblicher Förderer Frischs und unterstützt ihn zunächst insbesondere bei der Arbeit an seinem literarischen Tagebuch. Frisch vermittelt diesem Genre völlig neue Impulse, wodurch es sich nun deutlich von Publikationen wie den Tagebüchern Carossas oder Jüngers abhebt. Frischs ›Tagebuch 1946–1949‹ bietet unzählige, mit größter Präzision formulierte Skizzen, spontan niedergelegte Einfälle, aber auch umfangreiche Projektstudien und essayistische Betrachtungen zum Zeitgeschehen und zur Schriftstellerei. Im Gegensatz zu Martin Hürlimann, in dessen Atlantis-Verlag bereits 1947 das ›Tagebuch mit Marion‹ erschienen war (später ins ›Tagebuch 1946–1949‹ aufgenommen), erkannte Peter Suhrkamp das schriftstellerische Potential des hier von Frisch ins Spiel gebrachten »neuen« poetologischen Ansatzes.

So bedarf es keiner großen Überredungskünste, Frisch als einen der ersten Autoren für den 1950 gegründeten Suhrkamp Verlag zu gewinnen. Neben ›Ausgewählten Essays‹ von T. S. Eliot, die in einer zweisprachigen Ausgabe erscheinen, veröffentlicht Suhrkamp 1950 Frischs ›Tagebuch 1946–1949‹, Benjamins ›Berliner Kindheit‹, ›Klassische Stücke‹ von Shaw sowie Hesses ›Glasperlenspiel‹ und Dolf Sternbergers ›Figuren der Fabel‹. Diese Pu-

**Gründung des Suhrkamp Verlags**
Peter Suhrkamp war 1934 zu einem der Leiter des liberalen S. Fischer Verlags berufen worden und stand dem seit 1942 als Suhrkamp Verlag, vorm. S. Fischer firmierenden Haus während der gesamten Kriegszeit vor. Die Nationalsozialisten hatten den jüdischen Eigentümer G. Bermann Fischer in die Emigration getrieben. Nach dessen Rückkehr entschloß man sich, den Autoren selbst die Wahl zu überlassen, ob sie dem neuen Suhrkamp Verlag angehören oder aber beim S. Fischer Verlag bleiben wollten. Von den betroffenen 48 Autoren entschieden sich 33 für Suhrkamp!

blikationen bilden den Auftakt eines Verlagsprogramms auf höchstem europäischen Niveau. Peter Suhrkamp versteht sich ausdrücklich nicht als bloß ökonomischen Gesichtspunkten folgenden Verleger, sondern als ebenso kritischen wie engagierten Zeitgenossen. Als Verleger hat er sich bedingungslos der Förderung der Literatur verschrieben. Dazu zählt die intensive, persönliche Betreuung der Autoren. Frisch profitiert enorm davon, denn Suhrkamps Kritik an mancher Schreibidee, so räumt er später selbst ein, erlebt er als hilfreich motivierend: »Ich brauche ja Anstoß«, schreibt er an Suhrkamp, »allein komme ich nie hindurch, nicht einmal zu dem mir möglichen Punkt. Das ist das Übel all meiner Arbeiten, Sie wissen's, irgendwo vor dem erstrebten Gipfel lasse ich mich nieder, raste, vergesse, erspare mir den Rest. (Genau so, natürlich, im Menschlichen!)« (›Sehenszeit‹, 138)

Der Erfolg des ersten Tagebuchs – von vielen als Frischs eigentliches Hauptwerk angesehen – beginnt allerdings erst mit der Nachauflage im Jahr 1958. Indessen gilt Frisch von 1950 an als einer der wichtigsten Repräsentanten der deutschsprachigen Nachkriegsliteratur, der er mit seinem ›Tagebuch 1946–1949‹ nach allgemeiner Auffassung den Anschluß ans europäische Niveau verschafft hat. Denn die neueren deutschsprachigen Autoren vermochten es bis dahin nicht, den in der Weltliteratur gesetzten Maßstäben hinreichend zu entsprechen. Zumal in

42 Peter Suhrkamp (1891–1959) und Frisch verband ein besonderes Vertrauensverhältnis. Dies gilt nicht nur in beruflicher, sondern auch in menschlicher Hinsicht. In seiner Eigenschaft als Autor lag Frisch ebenfalls sehr an Suhrkamps Urteil, woraus sich u.a. erklärt, warum Frisch ihm oft auch »unfertige« Fassungen zusandte. Immer wieder suchte er das Gespräch mit seinem Verleger. Die Korrespondenz der beiden umfaßt 199 (z.T. ausführliche) Briefe, wovon allerdings bislang nur wenige veröffentlicht wurden. Auch mit Siegfried Unseld, seit 1959 Suhrkamps Nachfolger, hatte Frisch mehr als nur eine Arbeitsbeziehung.

formaler Hinsicht hatte man einem Joyce oder Kafka (während des Dritten Reichs verboten) kaum etwas entgegenzusetzen. Agonie machte sich breit. Die Auffassung, aufgrund des Krieges beispielsweise das Recht eingebüßt zu haben, insbesondere moralische Urteile fällen zu dürfen (Böll), wirkte sich lähmend auf die schriftstellerische Arbeit der deutschen Autoren aus. Wolfgang Koeppen etwa (mit seinem ersten Nachkriegsroman ›Tauben im Gras‹, 1951) hatte größte innere Widerstände überwinden müssen, ehe er wieder unter seinem Namen publizierte (1948 war der von ihm verfaßte Text ›Jakob Littners Aufzeichnungen aus einem Erdloch‹ unter Pseudonym erschienen). In der Zeit des Nationalsozialismus hatten viele keine Möglichkeit zur Auseinandersetzung mit den international wichtigen Veröffentlichungen; die Folgen dieser erzwungenen Isolation zeigten sich in den ersten Jahren nach dem Krieg überdeutlich. In dieser Situation überraschte der Schweizer Frisch in denkbar positiver Weise.

Im ›Tagebuch 1946–1949‹ findet Frisch zu seinem Selbstverständnis und entwickelt darüber hinaus maßgebliche Überlegungen zur Verantwortung des einzelnen. Dem Text stellte Frisch einen Hinweis für den Leser voran. Nicht in der Person des Autors sei das »Schreibrecht« begründet, vielmehr in dessen »Zeitgenossenschaft … vielleicht auch in seiner besonderen Lage als Verschonter, der außerhalb der nationalen Lager steht«.

Der äußere Aufbau kommt bereits im Titel zum Ausdruck. Dementsprechend bilden die Jahre 1946–1949 den zeithistorischen Hintergrund. Insbesondere thematisiert Frisch hier die auf seinen Reisen bzw. während seiner Aufenthalte in Berlin, Prag, Warschau, Wien und Mailand gemachten Erfahrungen. Dabei schreibt er von Beginn an in dem Bewußtsein, daß die Texte zur Veröffentlichung vorgesehen sind. Von vornherein sucht er das Gespräch mit seinen Lesern: »Der Leser täte diesem Buch einen großen Gefallen, wenn er, nicht nach Launen und Zufall hin

---

Zbaraz ist judenrein! Die Gewehre schweigen. Der Tod schweigt. Die Gräber schweigen. Deutschland schweigt. Die toten Juden sind still. Um uns schweigt die Welt. Wir, die wir uns in ein Erdloch retteten, sind von schweigenden, feuchten Mauern umgeben. Wir leben in Finsternis. Auch die Finsternis ist still, wie in einem Grab. Aber wir leben! Wir regen uns manchmal. Wir streicheln uns manchmal. Wir flüstern ein Trostwort zum anderen: »Mut, Mut, Gefährte! Gefährtin unter der Erde, Gefährtin im Grabe, Gefährtin im Fegefeuer!« *Wolfgang Koeppen, ›Jakob Littners Aufzeichnungen …‹, 1994, 124*

und her blätternd, die zusammensetzende Folge achtete; die einzelnen Steine eines Mosaiks, und als solches ist dieses Buch zumindest gewollt, können sich allein kaum verantworten.« (II, 349)

Allerdings, das Tagebuch lediglich als Prisma zu begreifen, in dem sich durch die Brille des Autors eine Vielzahl äußerer Ereignisse bricht, ist insofern irreführend, als es zunächst einmal um den Schreibenden und dessen »Arbeitsmethode« geht. Unter dem Eintrag »Vom Sinn eines Tagebuches« erläutert Frisch seine diesbezüglichen Überlegungen näher: »Wir leben auf einem laufenden Band, und es gibt keine Hoffnung, daß wir uns selber nachholen und einen Augenblick unseres Lebens verbessern können. Wir sind das Damals, auch wenn wir es verwerfen, nicht minder als das Heute – Die Zeit verwandelt uns nicht. Sie entfaltet uns nur.« Und weiter: »Man ist, was man ist. Man hält die Feder hin, wie eine Nadel in der Erdbebenwarte, und eigentlich sind nicht wir es, die schreiben; sondern wir werden geschrieben. Schreiben heißt: sich selber lesen.« (II, 361)

Frisch tritt dem Publikum hier als souveräner Autor gegenüber, und er weiß ganz genau, was er will. Das ›Tagebuch I‹ enthält nicht nur richtungweisende »Lehrsätze« zur Aufgabe des Schriftstellers, es bringt auch Entwürfe zentraler späterer Werke. ›Biedermann und die Brandstifter‹ oder ›Andorra‹ finden sich hier ebenso skizziert wie ›Graf Öderland‹. In Ansätzen begegnen im ›Tagebuch 1946–1949‹ auch schon die Themen der großen Romane ›Stiller‹, ›Homo faber‹ und ›Mein Name sei Gantenbein‹. Aus unterschiedlichsten Perspektiven nimmt Frisch die Welt und sein Verhältnis zu ihr in den Blick und entwickelt so – ohne daß ihm dies bewußt gewesen sein dürfte – die Leitlinien seines späteren Werkes. Das ›Tagbuch 1946–1949‹ erweist sich keineswegs allein auf inhaltlicher Ebene, sondern auch in formaler Hinsicht als höchst aufschlußreich. Frisch erarbeitet ein spannungsreiches Gefüge aus Fakten und fiktionalen

**Frisch in einem Interview mit Schülern des Berliner Gymnasiums Steglitz im Februar 1974 über sein ›Tagebuch 1946–1949‹:** Es ist ja kein Tagebuch im echten Sinne. Es besteht etwa das Fünffache an Notaten und Notizen, die dann zusammengesetzt werden, und zwar in der Ordnung, die Sie – wie Sie sagen – verwirrt, der eines Kaleidoskops. Was mich interessiert, sind die Überschneidungen, die Schnittstellen, ein Versuch, unsere bewußte Existenz darzustellen … Das Tagebuch ist ein Versuch der Öffnung, die Kompliziertheit unseres Erlebens nachzuzeichnen. Das ist es eigentlich. Jf – Pa, 130f.

Momenten; er beweist damit die nun im Hinblick auf Prosatexte beginnende Umsetzung jener Gedanken, die Brecht in seinem ›Kleinen Organon‹ entwickelt hatte.

In programmatischer Hinsicht bildet für Frisch das Diktum »Du sollst dir kein Bildnis machen« das zentrale Moment seiner literarisch strukturierten Wahrnehmung bzw. Darstellung, dessen eminente Bedeutung auch bei späteren Werken wie seinem Drama ›Andorra‹ und seinen Romanen ›Stiller‹ (1954) und ›Mein Name sei Gantenbein‹ (1964) deutlich wird.

Mit dem ›Tagebuch 1946–1949‹ etablierte sich Frisch als Schriftsteller von europäischem Rang. Noch ist er zwar im Hauptberuf Architekt, doch wird ihm immer deutlicher bewußt, daß seine Fähigkeiten als Autor seine Möglichkeiten als Architekt bei weitem übersteigen. Da er den Lebensunterhalt für sich und seine Familie ebenso wie das Architekturbüro inzwischen durchs Schreiben finanziert, ist es nur noch eine Frage der Zeit, ehe er sich dazu entscheidet, ausschließlich als Schriftsteller zu arbeiten. Wenn man sich die Erfolgsgeschichte dieses Autors in den fünfziger und sechziger Jahren heute vor Augen führt, scheint dieser Schritt allerdings folgerichtiger, als er aus der Sicht des Betroffenen wohl tatsächlich war. Und so dauert es auch bis Ende des Jahres 1954, bis er endgültig den Beruf des Architekten zu Gunsten des Schreibens aufgibt. Obgleich ihm in diesen Jahren nahezu alles zu glücken scheint, ist er keineswegs restlos davon überzeugt, auf dem richtigen Weg zu sein. Seine Ehe, sein Unabhängigkeitsdrang, seine Weltsicht erscheinen ihm klärungsbedürftig.

Auf das ›Tagebuch 1946–1949‹ folgt das Drama ›Graf Öderland‹. Die Hauptfigur, ein Staatsanwalt, bringt die Problematik des Stücks auf den Punkt: »Es gibt Augenblicke, wo man sich wundert über alle, die keine Axt ergreifen. Alle finden sich damit ab, obschon es ein Spuk ist. Arbeit als Tugend. Tugend als

**Deutschsprachige Literatur 1946–1949**
Hermann Kasack, ›Die Stadt hinter dem Strom‹ (1946); Nelly Sachs, ›In den Wohnungen des Todes‹. Gedichte (1946); Carl Zuckmayer, ›Des Teufels General‹. Schauspiel (1946); Thomas Mann, ›Doktor Faustus‹. (Stockholm 1947); Wolfgang Borchert, ›Draußen vor der Tür‹. Theaterstück (1947); Hermann Broch, ›Die Schuldlosen‹ (1949); Ernst Jünger, ›Heliopolis‹ (1949); Walter Kolbenhoff, ›Heimkehr in die Fremde‹ (1949); Heinrich Böll, ›Der Zug war pünktlich‹ (1949); Arno Schmidt, ›Leviathan oder die Beste der Welten‹ (1949); Gottfried Benn, ›Der Ptolemäer‹ (1949)

Ersatz für die Freude.« (III, 9) Frisch bezieht in diesem neuen Stück in gänzlich anderer Weise Stellung, als von dem erfolgreichen Schweizer Autor erwartet worden war. ›Graf Öderland‹ gerät zum Fiasko. Auch der kollegiale Freund Friedrich Dürrenmatt hält das Stück für mißlungen. Frisch sei es nicht geglückt, private und öffentliche Sphäre sinnvoll miteinander zu verknüpfen. »Das Theaterstück bleibt im Privaten stecken, es gehört Frisch ganz allein«, so Dürrenmatts nüchternes Urteil. Auch kommt es mit der Leitung des Züricher Schaupielhauses zu einem ersten ernsten Konflikt. Frisch nämlich führt den Mißerfolg u. a. auf ein längst nicht mehr überzeugendes Ensemble sowie allzu kurze Probezeiten zurück. Zudem steht für ihn außer Frage, »daß es in Zürich gewisse Kreise gibt, die einen Erfolg eines neuen Frisch-Stückes von vornherein nicht dulden konnten« (›Sehenszeit‹, 101). Beide Seiten sind verstimmt, Frisch ist von nun an dem Züricher Theater gegenüber deutlich reservierter. Sein nächstes Stück (›Don Juan‹) etwa wird zeitgleich in Berlin und Zürich uraufgeführt. Dennoch will er die harsche Ablehnung der Kritik und des Publikums nicht ignorieren, hält er ›Graf Öderland‹ doch für eine seiner bislang wichtigsten Arbeiten. Mehrfache Umarbeitungen dokumentieren seine Bemühungen, eine überzeugendere Fassung zu erarbeiten. Die Anstrengungen bleiben vergeblich: Anders als mit ›Andorra‹ oder ›Biedermann und die Brandstifter‹ kann Frisch mit diesem Stück keine Erfolge verzeichnen: Nur einige wenige Bühnen nehmen es in ihren Spielplan auf.

Auch in ›Graf Öderland‹ geht es um die »Tragfähigkeit« bürgerlicher Normen. Frisch entwirft mit dem Protagonisten Öderland eine unbequeme und provozierende Figur, die ihrerseits in eine komplexe gesellschaftliche Situation eingebunden ist. Daß Frisch sich jeder Simplifizierung verweigert, statt dessen Widersprüche aufzuzeigen sucht, ohne dabei auf eine der gängigen

**Peter Suhrkamp über ›Graf Öderland‹**
Es gibt zwei Möglichkeiten der Erlösung ...: die romantisch-revolutionäre, durch Zertrümmerung der Grenzwände und Öffnung in den Kosmos – oder die individualistische, die produktive Ignoranz des menschlichen Individuums, die Befreiung im individuellen Geist. Der Weg des Grafen Öderland (die Axt) führt überall zu Revolution und am Ende zur Zertrümmerung der Welt durch die Atombombe.

*Brief an Frisch vom 6. August 1949, in: ›Briefe an die Autoren‹, 1961, 76*

ideologischen Konstruktionen zurückzugreifen, macht das Stück einerseits schwierig, andererseits gerade deshalb bedeutsam.

Die Geschichte vom renommierten Staatsanwalt Öderland, der als vagabundierender Mörder buchstäblich mit der Axt um sich schlägt, eröffnet Frisch die Möglichkeit, den eigenen Standpunkt so radikal wie nie zuvor einer neuerlichen Revision zu unterziehen. Es geht ihm dabei insbesondere um die potentielle Abgründigkeit des vermeintlich gesicherten bürgerlichen Lebens. Im Gegensatz zu früher gestaltet er die Auseinandersetzung allerdings nicht mehr dichotomisch, indem er etwa der verlogenen bürgerlichen Existenz die »wahre« künstlerische entgegensetzt. Nicht zuletzt aufgrund seiner intensiven Beschäftigung mit Brecht gelangt er zu der Auffassung, daß sich das Bürgertum im Verweis auf den Künstler seiner eigenen Verantwortung zu entschlagen sucht. ›Graf Öderland‹ bietet Frisch das Forum, eine mitleidlose Abrechnung mit dem Bürgertum bzw. dessen gesellschaftlichem Entwurf ins Werk zu setzen. Ein mordender Staatsanwalt symbolisiert in der Tat nichts anderes als die Verhöhnung bürgerlichen Rechtsdenkens. Daß Öderland im Verlauf der Handlung zum Revolutionsführer avanciert, der seinerseits eine »freiheitliche« Gesellschaft zu installieren sucht, unterhöhlt jeden Glauben an bürgerliche Sekurität. Indessen stellen die »Freiheitskämpfer« nach erfolgreichem Umsturz konsterniert fest, daß auch sie auf Ordnungsstrukturen nicht verzichten können. »Das Leben ist ein Spuk, langsam begreife ich es – Wiederholung, das ist es, und wenn man durch die Wände geht, das ist der Fluch, das ist die Grenze, da hilft keine Axt dagegen. Wiederholung!« (III, 846 f.). Es drängt

43 Szenenfoto mit Gustav Knuth (1901–1987), der bei der Uraufführung von ›Graf Öderland‹ am 10. Februar 1951 in Zürich die Titelrolle spielte

sich die Schlußfolgerung auf, daß sich offenbar keine hinreichende Lösung in diesen Angelegenheiten finden läßt. »Ich hüte mich zu sagen«, so Frisch, »wer dieser Graf Öderland ist, der mit der Axt in der Ledermappe alles erreicht, was er nicht will ... Der alles erreicht und zwar traumleicht für ihn, blutig nur für die Welt, alles, nur nicht das Leben, alles an Macht, nur nicht die Freiheit, das ist mein Graf Öderland« (›Werkbericht‹, III, 92).

Wie angesichts des kultivierten, Goethe und Mozart liebenden Massenmörders zu fragen ist, wer oder was davor bewahrt, selbst zu einem solchen Ungeheuer zu werden, so ist auch zu fragen, ob nicht jeder einzelne für Entwicklungen dieser Art mit verantwortlich ist, und, wenn ja, welche Konsequenzen sich daraus ergeben. So zwingend und verlockend ein Ausbruch aus der bürgerlichen Welt anfänglich auch scheinen mag, die ursprüngliche Sehnsucht bleibt notwendig unerfüllt. »Alles nur nicht das Leben, alles ... nur nicht die Freiheit«, so lautete das pessimistische Resümee Graf Öderlands. Solche Trostlosigkeit vorzuführen, nahm man Frisch übel. Wer nicht nur die bürgerliche Ordnung, sondern gar das »Prinzip Hoffnung« mit Füßen tritt, kann auf breitere Zustimmung nicht rechnen. Die zeitgenössische Kritik hat dem Stück denn auch vorgeworfen, vollkommen »nihilistisch« zu sein.

In seinem privaten Leben hingegen schreitet Frisch unbeirrt von allen Anfeindungen voran. Ein Stipendium – der »Rockefeller Grant for Drama« – eröffnet ihm die Möglichkeit, in der Zeit vom April 1951 bis zum Mai 1952 finanziell nahezu unabhängig (teilweise in Begleitung seiner Frau) die USA und Mexiko zu bereisen. Die wichtigsten Stationen dieser Reise sind New York, Chicago, San Francisco, Los Angeles und Mexiko.

Gleichzeitig arbeitet er intensiv an einem Text (›Was macht ihr mit der Liebe‹), aus dem später der Roman ›Stiller‹ entstehen wird. Die Auseinandersetzung mit den in Europa gepflegten Vorurteilen gegenüber den USA tragen in hohem Maß dazu bei,

»Das halbe Jahr in San Francisco in den 50er Jahren gehört zu meinen schönsten Erlebnissen. Dazu kam noch eine Liebesgeschichte leichterer Art«, erinnerte sich der vierundsiebzigjährige Frisch in einem Interview. Mit der »Liebesgeschichte« ist vermutlich eine kurze Affäre mit der Schauspielerin Brigitte Horney gemeint, der er Ende 1951 zufällig in New York wieder begegnet. Die zu diesem Zeitpunkt Vierzigjährige hatte die Figur der Elvira in Frischs Stück ›Santa Cruz‹ (1946) gespielt. Als junge Schauspielerin wirkte sie vor 1933 unter anderem in verschiedenen Max-Reinhardt-Inszenierungen mit.

daß Frisch eine überaus kritische Haltung gegenüber Europa entwickelt. Er wehrt sich gegen eine Auffassung, derzufolge die Vereinigten Staaten als kulturelle Diaspora gelten: »Europa ist wichtig, aber es ist nicht die Menschheit, nicht ›die Kultur‹.« (III, 229) Überhaupt schätzt er den amerikanischen Kontinent und seine Menschen. Nicht zuletzt deren Mobilität ist ihm sympathisch, insofern sie ihn an seine eigene Weltoffenheit erinnert.

Es entsteht jetzt in kurzer Zeit eines seiner unterhaltsamsten Stücke: ›Don Juan oder Die Liebe zur Geometrie‹. Hier nimmt er das zeitgenössische Männer- und Frauenbild in den Blick, das sich auch in seinem privaten Leben bisweilen als wirksam erweist. Frischs ›Don Juan‹ »definiert« die Ehe als eine Form der seelischen Folter, die Vaterschaft wird als »letzte Schlinge« gefaßt, die das weibliche Geschlecht den zu Recht sich sträubenden Männern um den Hals legt. Frisch gestaltet hier gleichermaßen kunstvoll wie ironisch und auf hohem literarischen Niveau den berühmten Stoff der Literaturgeschichte neu. Dabei interessiert er sich nicht zuletzt für das Verhältnis zwischen Autor und Hauptfigur, schließlich ranken sich um Don Juan unzählige Mythen. Die weithin in New York konzipierte Erstfassung habe er verfaßt, »ohne einen einzigen Vorgänger zu kennen«. Einmal mehr greift er die Problematik auf, inwieweit Rollenklischees dazu beitragen (können), den wahren Charakter einer Person zu verschleiern. Im Mittelpunkt des Stücks steht allerdings nicht Don Juans erotisches Streben, sondern seine Liebe zur Geometrie; Frisch zeigt den Verführer als Verführten. Und wie er bereits mehrfach unter Beweis stellte, gelingt es ihm auch hier, die Grenzen zwischen Biographie und Fiktion hinreichend zu verwischen. Natürlich ist Don Juan nicht Max Frischs Alter ego. Daß hier allerdings verhandelt wird, wie sich jemand der Ehe und den Verpflichtungen der Vaterschaft zu entziehen sucht, indem er seine intellektuellen Interessen gel-

Mag sein, ich liebe dich noch immer, doch es soll dich nicht erschrecken; ich habe erfahren, daß ich dich nicht brauche, Juan, und das vor allem ist es, was ich dir biete: ich bin die Frau, die frei ist vom Wahn, ohne dich nicht leben zu können … Du hast immer bloß dich selbst geliebt und nie dich selbst gefunden. Drum hassest du uns. Du hast uns stets als Weib genommen, nie als Frau. Als Episode. Jede von uns. Aber die Episode hat dein Leben verschlungen. Warum glaubst du nicht an eine Frau, Juan, ein einziges Mal? Es ist der einzige Weg, Juan, zu deiner Geometrie. *Miranda in: ›Don Juan‹, III, 145*

tend macht, das hat allemal einen biographischen Bezug, wird es doch jetzt noch gerade zwei Jahre dauern, bis er sich endgültig von Frau und Familie trennt, um sich ganz und gar dem Schreiben widmen und ein »anderes« Leben führen zu können.

»Außer in der Liebe ist die Frau langweilig. Sie weiß nichts. Man muß mit einer leben und schweigen. Oder mit allen schlafen und handeln. Das Wichtigste liegt anderswo.« Diese Sentenz aus Albert Camus' ›Carnets‹ (»Tagebüchern«) trifft Frischs damalige Vorstellungen ziemlich genau. Sein Don Juan findet »das Wichtigste« in seiner Liebe zur Geometrie, das heißt im intellektuellen Bereich. »Was ihn unwiderstehlich macht für die Damen von Sevilla«, so Frisch, sei »sein Anspruch auf eine männliche Geistigkeit, die ein Affront ist, indem sie ganz andere Ziele kennt als die Frau und die Frau von vornherein als Episode einsetzt – mit dem bekannten Ergebnis freilich, daß die Episode schließlich sein ganzes Leben verschlingt.« (III, 168) In ›Nachträgliches zu Don Juan‹ verweist Frisch auf eine 1950 gemeinsam mit seiner Frau unternommene vierwöchige Spanienreise. In deren Verlauf hatte er unter anderem eine Freilichtaufführung des Dramas und einen Stierkampf besucht: »Das schwarze Tier, dem Don Juan sich stellt, ist die naturhafte Gewalt des Geschlechts, das er aber, im Gegensatz zum Torero, nicht töten kann, ohne sich selbst zu töten.« (III, 173)

Von New York in die Schweiz zurückgekehrt, schickt Frisch am 8. Juli 1952 eine erste Fassung an Peter Suhrkamp und diskutiert mit ihm brieflich über konzeptionelle Schwächen und überarbeitungsbedürftige Szenen. Am 5. Mai 1953 kommt das Stück zeitgleich in Zürich (unter der Regie von Oskar Wälterlin) und im Berliner Schiller-Theater (unter Hans Schalla) auf die Bühne. Zürich inszenierte das Stück mit größter Sorgfalt und bewies damit, daß Frischs Vorwürfe im Zusammenhang mit seinem ›Grafen Öderland‹ offenbar doch Gehör gefunden hatten.

44 Szenenbild ›Don Juan oder Die Liebe zur Geometrie‹. Schauspielhaus Zürich, 5. Mai 1953.
»Die beste Einführung zu Don Juan … bleibt der Besuch eines spanischen Stierkampfes.« (III, 173)

# »Alles Lebendige hat den Anspruch, Widerspruch zu sein«

»Man kann alles erzählen nur nicht sein richtiges Leben«, lautet einer der zentralen Sätze in Frischs literarisch höchst anspruchsvoll gearbeitetem Roman ›Stiller‹. Emil Staiger spricht anerkennend von der sich hier dokumentierenden »Meisterschaft«. Ihm scheint es, als habe sich »das durch die Anforderungen der Bühne beirrte Talent nun plötzlich Bahn gebrochen und ströme in unaufhaltsamer Fülle dahin«. Friedrich Dürrenmatt stellt beeindruckt fest, Frisch führe vor, »wie man aus sich selber einen Roman« mache. Problematik, Form und Handlung seien in diesem Text »eins«, Frisch selbst werde ein anderer, »der nun erzählt, nicht von Stiller zuerst, sondern von sich«. Frischs zukünftiger Verleger Siegfried Unseld lobt seinen brillanten Romancier und meint, daß »alle Kassandrarufe über den Untergang des Romans als Kunstform, über die Armut unserer geistig und geistlich enterbten Zeit … von diesem Roman Max Frischs widerlegt« (›Morgenblatt‹, 24. September 1954) werden.

Nicht zuletzt wegen seiner komplexen erzähllogischen Konzeption erregte der 1954 erschienene Text großes Aufsehen. So überrascht es nicht, daß sich viele Literaturwissenschaftler und zahlreiche Schriftstellerkollegen intensiv damit auseinandersetzten. Was in diesem zehn Jahre nach den ›Schwierigen‹ veröffentlichten Roman begegnet, ist ein geglücktes Spiel mit verschiedenen, in der modernen Literatur entwickelten Erzählhaltungen. Soweit es die ironischen Momente ›Stillers‹ anbelangt, erinnert der Roman an den nahezu zur gleichen Zeit entstandenen ›Don Juan‹. Hier wie dort bildet die Ironie ein konstruktives Moment,

**Politik und Kultur 1954**
Aufnahme der Bundesrepublik Deutschland in die Nato
Die Bundesrepublik Deutschland wird Fußballweltmeister
McCarthys Kommunistenjagd in den USA
›Bekenntnisse des Hochstaplers Felix Krull‹ (Thomas Mann)
›Tod in Rom‹ (Wolfgang Koeppen)
›Prismen‹ (Theodor W. Adorno)
Aufstand in Algerien gegen die Kolonialmacht Frankreich
Genfer Indochina-Konferenz beschließt die Teilung Vietnams
›Haus ohne Hüter‹ (Heinrich Böll)
›Ode an den Westwind‹ (Hans Werner Henze)

um den jeweiligen Erwartungen des Lesers nicht entsprechen zu müssen.

Frisch erzählt im ›Stiller‹ eine vermeintlich einfache Geschichte: Der gerade aus Amerika zurückkehrende Mr. White wird von Schweizer Grenzpolizisten verhaftet. Mancher glaubt, in ihm den als verschollen geltenden, in einen Spionageskandal verwickelten Bildhauer Anatol Stiller zu erkennen. Der Protagonist indes widerspricht den Mutmaßungen. »Ich bin nicht Stiller«, heißt es im ersten, berühmt gewordenen Satz (der im übrigen erst kurz vor Drucklegung in den Text eingefügt wurde). In insgesamt sieben »Heften«, durch ein zusammenfassendes »Nachwort« des Staatsanwalts ergänzt, gibt Mr. White Aufschluß über seine Person.

Die Anlage des Ganzen erinnert zunächst an einen Kriminalroman. Dessen erzählerische Abfolge in Form einzelner Hefte ist nicht zuletzt als Reminiszenz des Autors an seine Arbeitsmethode zu verstehen, alles ihm Bedeutsame in Notizheften festzuhalten. Mancher mag hier aber auch durchaus eine kleine Verbeugung vor Bertolt Brecht sehen, der bekanntlich nicht nur ein begeisterter Leser von Kriminalromanen war, sondern – ebenso wie Frisch – seine Notizhefte als unabdingbaren Bestandteil seiner schriftstellerischen Arbeit begreift.

In den Aufzeichnungen Whites wird die Person Stillers mehr und mehr erkennbar, obgleich White doch behauptet, daß dieser ihm unbekannt sei. White verwahrt sich dagegen, als Stiller zu gelten. Schnell allerdings wird klar, daß biographische Fakten eine historische Präsenz ins Spiel bringen, die sich nicht etwa verflüchtigt, wenn einer seine Existenz auf neue Grundlagen stellen will. Da der Erzähler als »Stiller« versagte, hofft er auf eine von der eigenen Lebensgeschichte befreite »zweite Geburt« als White: »Ich hatte ein Leben, das nie eines gewesen war, von mir geworfen ... Ich hatte die bestimmte Empfindung, erst jetzt geboren worden zu sein, und fühlte mich mit einer Unbedingt-

Als ich das Wort »Identität« hörte, angewendet auf meine Arbeit, war ich wahrscheinlich der letzte, der dieses Wort dabei gedacht hat. Es klingt anekdotisch, aber es ist so gewesen, daß ich bei der Niederschrift von ›Stiller‹ das Wort »Identität« nie gedacht habe, zum Glück. Das heißt, ich bin ausgegangen von einer subjektiven Erfahrung, der Bedrängnis, die ich versucht habe darzustellen ...

*GmA, 44*

Weiß ich denn selbst, wer ich bin? Das ist die erschreckende Erfahrung dieser Untersuchungshaft: Ich habe keine Sprache für meine Wirklichkeit! St, *III, 436*

heit, die auch das Lächerliche nicht zu fürchten hat, bereit, niemand anders zu sein, als der Mensch, als der ich eben geboren worden bin«. (St, III, 727) Obgleich man seine »Lösung« nicht anerkennt, widersetzt er sich allen Appellen, sich zu seiner Vergangenheit zu bekennen: »Ich bin nicht ihr Stiller. Was wollen sie von mir! Ich bin ein unglücklicher ... Mensch, der kein Leben hinter sich hat, überhaupt keines. Wozu mein Geflunker? Nur damit sie mir meine Leere lassen, meine Nichtigkeit, meine Wirklichkeit, denn es gibt keine Flucht, und was sie mir anbieten ist Flucht, nicht Freiheit, Flucht in eine Rolle. Warum lassen sie nicht ab?« (St, III, 401)

»Freiheit« bildete offenkundig eines der zentralen Themen, die Frisch im Zuge der Arbeit am ›Stiller‹ zutiefst bewegten, und sie ist Frisch zufolge nur dann gegeben, wenn der einzelne sich selbst zu akzeptieren vermag. Sich selbst erkennen zu wollen, ist dabei eine bedeutsame Voraussetzung, doch nicht hinreichend. »Viele erkennen sich selbst, nur wenige kommen dazu, sich selbst auch anzunehmen«, heißt es in einem Gespräch zwischen Staatsanwalt und White/Stiller. Allerdings hat auch, wer sich selbst akzeptiert, noch nicht gewonnen: »Allein auch mit der Selbstannahme ist es noch nicht getan! Solange ich die Umwelt überzeugen will, daß ich niemand anders als ich selbst bin, habe ich notwendigerweise Angst vor Mißdeutung, bleibe ihr Gefangener kraft dieser Angst« (St, III, 670). Der Staatsanwalt resümiert schließlich, Stiller habe versucht, »herauszutreten aus der Resignation darüber, daß man nicht ist, was man so gerne gewesen wäre, und zu werden, was man ist« (St, III, 750f.). Doch kann man die Zukunft gewinnen, ohne sich seiner Vergangenheit gestellt zu haben?

Soll ich mich ergeben? Mit Lügen ist es ohne weiteres zu machen, ein einziges Wort, ein sogenanntes Geständnis, und ich bin ›frei‹, das heißt in meinem Fall: dazu verdammt, eine Rolle zu spielen, die nichts mit mir zu tun hat. *St, III, 435f.*

Bei aller Selbstannahme, bei allem Willen dazu, sich endlich unter die eigene Wirklichkeit zu stellen, hatte unser Freund nur eins noch gar nicht geleistet, nämlich den Verzicht auf die Anerkennung durch die Umwelt. *St, III, 751*

Die dem Roman als Motto beigegebene Sentenz des dänischen Existenzphilosophen Sören Kierkegaard – »Sieh, darum ist es so schwer, sich selbst zu wählen, weil in dieser Wahl die absolute Isolation mit der tiefsten Kontinuität identisch ist, weil durch sie jede Möglichkeit, etwas anderes zu werden, vielmehr sich in etwas anderes umzudichten, unbedingt ausgeschlossen wird« – zeigt die philosophische Dimension der im ›Stiller‹ verhandelten Problematik auf. Andererseits stellt Frisch klar, daß es ihm um eine ›authentische‹ Gestaltung der Thematik geht. So heißt es über den an seinem bisherigen Leben verzweifelnden Stiller/White: »Vor allem hatte er in Kierkegaard offenkundig noch kaum gelesen, und also mußte es ihm um anderes gehen.« Man geht also fehl, den Roman als Illustration philosophischer Einsichten begreifen zu wollen. Frisch selbst stellt in diesem Zusammenhang nachdrücklich fest: »Ich komme nämlich ... von der Eigenerfahrung her und würde, wenn man das Wort nicht mißbrauchen will, mich zu der Gattung der Notwehrschriftsteller rechnen. Das heißt, ich schreibe, um zu bestehen; ich schreibe, um mir klar zu werden«. (GmA, 44) Identifikationsangebote zu liefern, ist offenbar ganz und gar nicht im Sinne des Autors.

In der für ihn typischen Weise führt Frisch mit seiner Rede von der Notwehr alle aufs Glatteis, die glauben, hier lasse sich der literarische Kontext problemlos als angewandte Philosophie verstehen. Frisch legt augenscheinlich einen höchst komplexen Erfahrungsbegriff zugrunde. In formaler Hinsicht seinem ›Tagebuch 1946–1949‹, in inhaltlicher u. a. seinem Stück ›Graf Öderland‹ verpflichtet, arbeitet Frisch mit zahlreichen Stil- und Ausdrucksmitteln, nicht zuletzt gewünschter Verfremdungseffekte wegen. Ein Beispiel dafür gibt der Wechsel der Erzählperspektive: Zuweilen begegnet Stiller/White dem Leser in der ersten Person, dann wieder in der dritten Person. Darüber hinaus wird deutlich, daß Frisch im ›Stiller‹ wie schon in ›Graf Öderland‹ den Freiheitsbegriff

45 Sören Kierkegaard (1813–1855). Kierkegaards Philosophie ist in entscheidender Weise von der Auseinandersetzung mit Hegels idealistischem Denken bestimmt. Was der Däne gegen Hegel ins Feld führte, war eine – von eigenen Erfahrungen geprägte – Philosophie, deren zentrale Begriffe, etwa »Existenz«, »Angst«, »Freiheit« und »Entscheidung«, vom Subjekt her entwickelt wurden. Hauptwerk: ›Entweder – Oder‹ (1843).

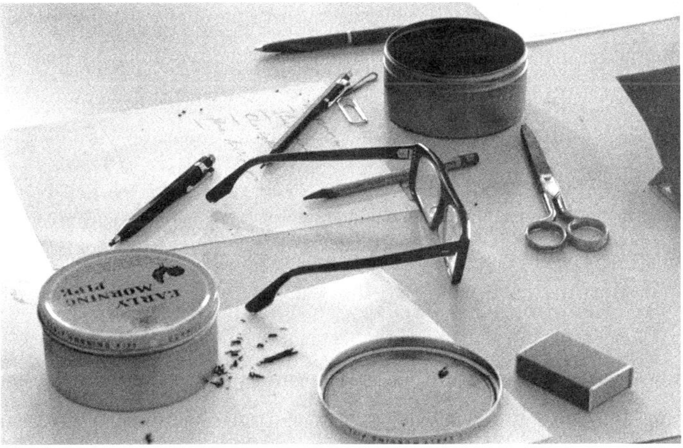

46 Fernand Rausser, Frischs Arbeitstisch

in äußerst komplexer Weise in den Blick nimmt. Was Stiller/White durchlebt, wie er sein Ziel zu erreichen sucht, zwingt den Leser zur Stellungnahme. Freiheit, wie Frisch sie versteht, fällt niemandem einfach in den Schoß. Sie muß errungen werden, und zwar zuerst im Kampf jedes einzelnen mit sich selbst.

Wer den Roman angesichts des dort in Szene gesetzten Scheiterns einer Ehe als »hinreißende Liebes- und Ehegeschichte« (Volker Hage) begreifen will, bleibt allerdings hinter dem von Frisch gesetzten Anspruch zurück. Die Probleme zwischen Julika und Stiller/White bilden nichts anderes als ein Moment der Unfreiheit, die der »Held« (vergeblich) zu bewältigen sucht.

Von literaturwissenschaftlicher Seite wurde der Text u.a. als »Leben und Literatur im Zeitalter der Reproduktion« (Hans Mayer) gesehen. Alle geschilderten Personen führen nämlich ein Leben aus zweiter Hand. »Das allermeiste in unserem persönlichen

**Marianne Frisch-Oellers über Frischs Arbeitsweise:** Frisch ging bei der Wahl seiner Themen immer sehr intuitiv vor, aber dann arbeitete er sehr zielgerichtet, systematisch und hartnäckig an der Form ... Er schrieb ohne Pläne und Zettelkasten. Er hatte seine kleinen schwarzen Notizbüchlein. Danach hat er richtiggehend an der Konstruktion seiner Texte gefeilt. Er ließ Pinnwände anfertigen, wo er die Konstruktionsarrangements ausprobieren und umbauen konnte. Er suchte immer nach Variationen ...

*Zitiert nach Urs Bircher, Bd. II, 89f.*

**Schweizkritik:** Frischs ›Stiller‹ erweist sich auch als Abrechnung mit all dem, was die Schweizer als ihre ureigenen Tugenden ansehen. Ein wichtiger Aspekt dieses Romans verkörpert sich im Unwillen, den die Zentralfigur gegenüber ihrer Heimat, der Schweiz, verspürt und der, wie andere Texte Frischs zeigen, dem des Autors gewissermaßen entspricht. Das gängige Bild der Schweiz bzw. das schweizerische Selbstverständnis sind Frisch ein Dorn im Auge: »Meine Zelle ... ist klein wie alles in diesem Land, sauber, so daß man kaum atmen kann vor Hygiene, und beklemmend gerade dadurch, daß alles recht, angemessen und genügend ist. Nicht weniger und nicht mehr! Alles in diesem Land hat eine beklemmende Hinlänglichkeit.« (III, 368). Und so bietet Frisch im ›Stiller‹ seine bis dahin umfassendste Auseinandersetzung mit der Schweizer Geschichte im 20. Jahrhundert. Seine Kritik zielt insbesondere auf die »Verlogenheit« des schweizerischen Bürgertums, das sich zwar seines demokratischen Geistes rühmt, in vielen Fällen aber der Probe aufs Exempel nicht genügt. Blindwütiger Antikommunismus und fehlendes Geschichtsbewußtsein prägen die politische Haltung vieler Schweizer in den fünfziger Jahren. Von den Verstrickungen im Zusammenhang mit der nationalsozialistischen Politik Deutschlands in den dreißiger und vierziger Jahren allerdings will man nichts hören, so Frischs Überzeugung. »Aber Sie glauben doch nicht im Ernst, daß das schweizerische Bürgertum, als einziges in der Welt, kein Gefälle habe zum Faschismus, wenn er einmal ihr Geschäft nicht bedroht, sondern steigert?«, heißt es im ›Stiller‹ (III, 547).

Unmittelbar vor und nach der Niederschrift des Romans hatte sich Frisch zudem in einigen richtungweisenden Texten zur Architektur und zum Städtebau in der Schweiz geäußert und die gemeinsam mit Markus Kutter und Lucius Burckhardt verfaßte Broschüre ›Achtung: die Schweiz‹ (1954) vorgelegt, in der die Autoren ein politisch fundiertes Konzept für den Bau einer Modellstadt zur Diskussion gestellt hatten. Einige von Frischs Darlegungen in diesem Text stammen direkt aus dem ›Stiller‹-Manuskript. Die Veröffentlichung dieses Textes führte »sofort ein Trommelfeuer der gesamten Presse« (Frisch) herauf, denn die hier unterbreiteten städtebaulichen Vorschläge – Resultat gesellschaftskritischer Auseinandersetzung – dokumentieren den deutlichen Willen zur politischen Veränderung. Den kommoden Status quo in Frage zu stellen, vermeintlich Bewährtes auf seine allgemeine Leistungsfähigkeit hin zu überprüfen und als weithin untauglich zu verwerfen, war für Frisch der Sache nach so geboten wie sinnvoll. Einigen Landsleuten hingegen galt er fortan als »Nestbeschmutzer«, als Paria, dem mit äußersten Mißtrauen zu begegnen war.

**Eheprobleme I:** Im ›Stiller‹ wird u. a. das Scheitern einer Ehe vorgeführt. Es sind nicht nur die in Frischs Werk häufig wiederkehrenden Motive von Impotenz und Frigidität sowie die darin begründet liegenden und hieraus resultierenden Ängste, die das Zusammenleben der Partner unmöglich machen, sondern auch die falsche Erwartung, den anderen »erlösen« zu müssen. Stiller: »Was für eine Aufgabe! Ich bildete mir ein, du brauchst mich. Und deine Müdigkeit immer ..., dein Hang zum Kranksein, das war ja genau, was ich unbewußtermaßen brauchte, eine Schonungsbedürftige, um mir selbst um so kraftvoller vorzukommen.« (St, III, 496)

**Peter von Matt über Stiller:** Die Frauenliebe dieses Mannes hat die gleiche Struktur wie die Vaterlandsliebe dieses Bürgers. Wie er an der Frau hängt und leidet, so hängt und leidet er an der Schweiz. Peter von Matt (1991), 15

Weltbild haben wir nie mit eigenen Augen erfahren, genauer: wohl mit eigenen Augen, doch nicht an Ort und Stelle; wir sind Fernseher, Fernhörer, Fernwisser.« (St, III, 535) Ganz in diesem Sinne erweisen sich auch die Aufzeichnungen Stillers/Whites als Texte aus zweiter Hand. Nicht Stiller, sondern ein gewisser White legt seine Gedanken nieder. Und oft ist keineswegs klar, ob er von seinem eigenen Leben berichtet oder lediglich auf Versatzstücke aus der Literatur- bzw. Philosophiegeschichte zurückgreift. Ein »Platon-Bändchen und ein bißchen Hegel«, Cervantes, Goethe, Proust, Hemingway, Albin Zollinger, Thomas Mann und Trakl, heißt es etwa hinsichtlich der Bibliothek von Stiller/White. Frisch inszeniert hier auf kunstvolle Weise einen Dialog mit den literarischen Vorbildern seiner eigenen Vergangenheit.

Er entwickelt mit Anatol Stiller eine Figur, die sich nicht damit abfinden kann, den Widerspruch zwischen erträumter und gelebter Existenz zu akzeptieren (ein Thema, das ihn bereits in seiner Erzählung ›Bin‹ beschäftigte). Insofern Stiller ein anderer sein will, vergibt er die einzige Chance, wirkliche Freiheit zu gewinnen.

Als ungleichen »Bruder« des ›Stiller‹ hat Urs Bircher Frischs ›Homo faber‹ bezeichnet. Beide Romane seien als »Komplementärromane« zu betrachten und jeweils »als geheime Widerlegung des anderen«, meinte Mayer. Kaum ein deutschsprachiger Schüler, der ohne die Lektüre des bis heute zum Kanon gymnasialen Deutschunterrichts gehörenden ›Homo faber‹ sein Abitur gemacht hätte. Weit über 3 Millionen Mal wurde dieser Roman in Deutschland verkauft und in über 40 Sprachen übersetzt.

Die Hauptfigur des Romans, ein für die UNESCO tätiger Ingenieur, ist kein Grübler wie Anatol Stiller, sondern ein zielbe-

**Eheprobleme II**: 1954, nach dem Erfolg des ›Stiller‹, trennt sich Max Frisch von seiner Frau und seinen Kindern und entscheidet sich dafür, sein Architektenbüro im Januar 1955 zugunsten einer Laufbahn als Schriftsteller endgültig zu schließen. Er bezieht eine kleine Wohnung: »Ich ziehe am 4. Januar [1955] nach Männedorf … Ich werde ziemlich allein sein. Jetzt kommt die Pein, zu tun, wonach man sich oft gesehnt hat, nämlich zu packen, wegzugehen aus einer Mansarde, wo ich zwölf Jahre gelebt habe; das Schlimme: daß es für die Kinder so augenfällig wird. Davor habe ich Angst. Aber es ist richtig.« (›Sehenszeit‹, 153)

wußter und erfolgreicher Mann, ein »Macher«. Von seiner Freundin Ivy, einem sechsundzwanzigjährigen Mannequin, halb so alt wie er, möchte er sich trennen, da er die ewigen Streitereien mit ihr satt hat. Walter Faber erscheint als Mann, der mit sich und seinem Leben im reinen ist. Ängste, Zweifel, Identitätskrisen gar sind ihm fremd. »Ich habe mich schon oft gefragt, was die Leute eigentlich meinen, wenn sie von Erlebnis reden. Ich bin Techniker und gewohnt, die Dinge zu sehen, wie sie sind. Ich sehe alles, wovon sie reden, sehr genau; ich bin ja nicht blind.« (Hf, IV, 24) Daß Faber indes in einem Sinne durchaus als »blind« gelten muß, dokumentiert sich im Verlauf der im Roman erzählten Handlung nicht zuletzt in der Form des von ihm gegebenen »Berichts«.

Faber gerät in allerlei schwierige Situationen. So muß er etwa nach einer Notlandung tagelang in der Wüste von Tamaulipas (Mexiko) ausharren. Und als er seinen in Guatemala eine Tabakplantage leitenden Studienfreund Joachim besuchen will, entwickelt sich das Wiedersehen ganz anders als erhofft. Der Freund hat sich in seiner Wellblechhütte erhängt. Faber ist von den folgenden Ereignissen ebenso angewidert wie erschüttert: »Wir hätten Joachim … nicht in die Erde begraben … sollen … Erde ist Schlamm nach einem einzigen Gewitter … Verwesung voller Keime, glitschig wie Vaseline, Tümpel im Morgenrot wie Tümpel von schmutzigem Blut, Monatsblut, Tümpel voller Molche, nichts als schwarze Köpfe mit zuckenden Schwänzchen wie ein Gewimmel von Spermatozoen, genau so – grauenhaft.« (Hf, IV, 68)

Erschöpft kehrt Faber nach New York zurück und entschließt sich dort »spontan«, sogleich mit dem Schiff weiter nach Paris zu reisen. So hofft er, nicht nur seine lästig gewordene Geliebte Ivy endgültig loszuwerden, sondern auch ein wenig Abstand von den zurückliegenden Ereignissen zu gewinnen. Gleich zu Beginn der Reise weckt ein Mädchen sein Interesse. Jugenderinnerungen kommen auf. Er denkt an seine alte Liebe Hanna Landsberg, der

**Faber über Abtreibungen:** Grundsätzlich betrachtet: Wo kämen wir hin ohne Schwangerschaftsunterbrechungen? Fortschritt in Medizin und Technik nötigen gerade den verantwortungsbewußten Menschen zu neuen Maßnahmen. … Heiligkeit des Lebens … Der liebe Gott … *Hf, IV, 105f.*

**Hanna über Faber:** Du behandelst das Leben nicht als Gestalt, sondern als bloße Addition, daher kein Verhältnis zur Zeit, weil kein Verhältnis zum Tod. *Hf, IV, 170*

er einst ihrer Schwangerschaft wegen die Heirat angeboten hatte. Sie hatte das Angebot ausgeschlagen, und er war aus beruflichen Gründen nach Bagdad gegangen – mit gutem Gewissen, denn sein Freund Joachim, seinerzeit Student der Medizin, hatte versprochen, sich um einen Schwangerschaftsabbruch zu kümmern.

Der Leser ahnt es schon: Faber, dem technische Rationalität und mathematisches Kalkül über alles gehen, wird zum Akteur einer geradezu abstrus anmutenden, von unzähligen Zufällen vorangetriebenen Handlung. Natürlich verliebt er sich in besagtes Mädchen, eine Harvard-Studentin namens Sabeth, und gemeinsam reisen die beiden durch Frankreich. Weiter geht die Reise nach Italien. Hier erfährt er, daß seine Geliebte Hannas Tochter ist. Die Reise führt die beiden schließlich nach Griechenland, wo Sabeth ihre Mutter besuchen will. Faber erlebt mit Sabeth eine Zeit größten Glücks: »Ich werde nie vergessen, wie sie auf diesem Felsen sitzt, ihre Augen geschlossen, wie sie schweigt … Sie sei glücklich, sagt sie … die erste Wärme und Sabeth, die mich umarmt, als habe ich ihr alles geschenkt, das Meer und die Sonne und alles, und ich werde nie vergessen, wie Sabeth singt!« (Hf, IV, 152)

Doch dann überschlagen sich die Ereignisse: Sabeth wird von einer Schlange gebissen. Faber eilt herbei, sie erschrickt und stürzt einen Abhang hinunter. Hinsichtlich des Schlangenbisses zwar rechtzeitig und erfolgreich versorgt, stirbt Sabeth dennoch am Tag darauf an den Folgen einer Schädelfraktur, die sie sich beim Sturz zugezogen hat. Faber hatte nämlich versäumt, den Ärzten davon zu berichten. Daß Faber unterdessen von Hanna erfährt, daß Sabeth nicht, wie er geglaubt hatte, Hanna und Joachims, sondern seine eigene Tochter gewesen ist, vermittelt den Ereignissen einen tragischen Zug übers unmittelbare Geschehen hinaus. Und damit nicht genug des Unglücks. Faber beschließt, seinen Beruf aufzugeben und zu Hanna nach Athen zu ziehen.

**Zum Thema Abtreibung in ›Montauk‹**: Vier Abtreibungen bei drei Frauen, die ich geliebt habe. Drei Mal ohne Zweifel, daß es richtig ist. Nie ohne Schrecken. Die Rolle des Mannes dabei, der dann den Arzt bezahlt. Ein Mal: weil ich verheiratet bin, und sie möchte meinen Freund heiraten. Ein Mal mit einem anderen Grund: es ist zu spät in unserer Geschichte. Wir sind Freunde geblieben. Ein Mal ist es ein Irrtum gewesen; eine Schuld, so denke ich später, meine Schuld. Ich habe nicht den Mut, das Kind zu verlangen … Ein Mal rät der Arzt dazu und gegen unseren Wunsch. *Mon, VI, 688f.*

Als er wegen ständiger Magenprobleme schließlich ein Hospital aufsucht, stellt man ihm die Diagnose Magenkrebs. Der Kontext legt die Vermutung nahe, daß es nun auch mit Faber selbst zu Ende geht. Fabers »Bericht« schließt mit den Worten: »08.05 Uhr/ Sie kommen.«

Frisch bestimmte in einem Gespräch mit Schülern die zentrale Aussage des Textes wie folgt: »Dieser Mann lebt an sich vorbei, weil er einem allgemein angebotenen Image nachläuft, dem von ›Technik‹. Im Grunde ist der ›Homo faber‹, dieser Mann, nicht ein Techniker, sondern er ist ein verhinderter Mensch, der von sich selbst ein Bildnis gemacht hat, der sich ein Bildnis hat machen lassen, das ihn verhindert, zu sich selbst zu kommen ... Der Witz des Buches, der Kniff, sagen wir mal, ist ja der: ... daß ein Mensch, der in seinem Denken die Zufälligkeit postuliert, eine Schicksalsgeschichte erlebt.« (Jf – Pa, 121)

47 Juli Delpy und Sam Shepard spielten in Volker Schlöndorffs Verfilmung des ›Homo faber‹ (1990/ 1991) die Hauptrollen, Barbara Sukowa die Figur der Hanna. Frisch zeigte an der Entstehung des Films großes Interesse und erlebte dessen Fertigstellung, nur wenige Monate vor seinem Tod, noch mit. Wie Schlöndorff sich zu erinnern glaubt, erklärte Frisch, Karin Pilliod (die Lebensgefährtin der letzten Jahre und ihrerseits die Tochter seiner vormaligen Geliebten Madeleine Seigner-Besson) habe in ihren Mädchenjahren den Urtypus der Sabeth verkörpert.

Im handwerklichen Sinne hat der ›Homo faber‹ Frisch insgesamt gesehen einiges Kopfzerbrechen bereitet. Den Ende 1955 begonnenen Text avisiert er Peter Suhrkamp im Februar 1957 als nahezu abgeschlossen. Doch nur wenige Wochen später möchte er das Manuskript noch einmal grundlegend bearbeiten und schreibt Suhrkamp im April: »Ich ziehe den HOMO FABER zurück – ohne verzweifelt zu sein deswegen. Es geht so nicht, das war mein Eindruck, und es ist mit Retuschen, wenn sie noch so glücklich wären, nicht zu machen. Zu vieles darin ist tot, am Stil des Technikers gestorben«.

Frisch arbeitet nun intensiv an der Neufassung des Romans. Dabei kommt auch die schon aus dem ›Stiller‹ bekannte Technik, mit unterschiedlichen Erinnerungs- und Kommentierungsebenen zu arbeiten, erneut zu ihrem Recht. Im Ergebnis führt dies zu Verfremdungseffekten. Frischs Absicht ist es, den Leser definitiv zu einer Stellungnahme zu ›zwingen‹, ihn in eine Situation zu bringen, in der er ein Urteil abgeben ›muß‹.

Walter Faber begreift den Menschen erklärtermaßen als Fehlkonstruktion (»Überhaupt der ganze Mensch – als Konstruktion möglich, aber das Material ist verfehlt.«). Entsprechende Thesen bildeten im übrigen auch in der damaligen intellektuellen Szene ein intensiv diskutiertes Thema (Arnold Gehlen, Max Bense u. a.). Allerdings erfährt der die Berechenbarkeit des Daseins postulierende Faber im Verlauf des Geschehens die Untauglichkeit einer solchen Welthaltung. Angesichts der zahlreichen, ganz und gar unwahrscheinlichen Ereignisse, die ihm widerfahren, scheinen Fabers »Berechnungen« nicht aufzugehen. Ob dies zu konkreten Änderungen des Faberschen Denkens (und Handelns) führt, läßt Frisch offen. Doch dürfte zumindest jedem Leser deutlich geworden sein, daß Frisch das enge, allzu begrenzte Verständnis von Rationalität, wie es sein Held im Roman vertritt, zur Diskussion stellt. ›Homo faber‹ erweist sich als eine Parabel, deren

**Die Schauplätze** von ›Homo faber‹ hat Frisch zum größten Teil selbst besucht. Es sind Stationen des ersten USA-Aufenthalts und einer weiteren 1956 per Schiff angetretenen Reise unter anderem nach Mexiko und Kuba. Mit seiner damaligen Freundin Madeleine Seigner-Besson unternimmt er im Mai 1957 eine Griechenland-Reise, die ihn auch an Orte führt, die er bereits als Zweiundzwanzigjähriger gesehen hatte. Aus Anlaß seines 50. Geburtstags ist er noch einmal in Griechenland – die Reise schenkte ihm Ingeborg Bachmann.

Erzähler nicht vorgibt zu wissen, was gut, was böse ist. Was immer im menschlichen Handeln seinen Grund hat, bleibt letztlich vorläufig. Gleichgültig, ob es um technische Großleistungen oder Antworten auf existentielle Fragen geht, *endgültige* Lösungen zu entwickeln, ist der Mensch nicht fähig.

»Ich stelle mir vor«; »Ich probiere Geschichten an wie Kleider« – mit solchen Sätzen meldet sich Frisch 1964, immerhin sieben Jahre nach dem ›Homo faber‹, als Romancier zurück. Es wird sein letzter Roman sein, die noch folgenden Prosaarbeiten gelten Frisch als Erzählungen. Es hat sich vieles verändert in diesem Jahrzehnt, auch in privater Hinsicht. Zwischen 1960 und 1965 lebt Frisch überwiegend in Rom. Seine Lebensgefährtin in den Jahren 1958–1962 ist die Schriftstellerin Ingeborg Bachmann. Die leidenschaftliche Anwältin einer engagierten, in der Tradition von Humanismus und Aufklärung stehenden Sprache hat sich zunächst als Lyrikerin einen Namen gemacht. Frisch bezeichnet die Zeit mit ihr rückblickend als einen vier Jahre währenden »Sturzflug«. Sein 1964 veröffentlichter Roman ›Mein Name sei Gantenbein‹, in dessen Mittelpunkt das Scheitern einer Ehe steht, gilt weithin als Reflex auf die Zeit mit Ingeborg Bachmann. Es ist Frischs erzähltechnisch komplexester und schwierigster Roman. Frisch hatte sich seit seinem ›Homo faber‹ in intensiver Weise mit erzähltheoretischen Überlegungen auseinandergesetzt. Der spätere Roman spiegelt die seine Entstehung begleitenden theoretischen Reflexionen. Bereits im Jahr 1960 heißt es in ›Unsere Gier nach Geschichten‹: »Man kann die Wahrheit nicht erzählen. Das ist's. Die Wahrheit ist keine Geschichte, sie hat nicht Anfang und Ende, sie ist einfach da oder nicht, sie ist ein Riß durch die Welt unseres Wahns, eine Erfahrung, aber keine Geschichte.«

Vor diesem Hintergrund erhält auch einer der Kernsätze des ›Gantenbein‹ – »Ein Mann hat eine Erfahrung gemacht, jetzt sucht er die Geschichte dazu« – seinen besonderen Sinn. Die Figur des

---

**Der »nouveau roman«** (wichtige Vertreter sind u. a. N. Sarraute, A. Robbe-Grillet und M. Butor) ist nicht nur durch den Abschied von traditionellen Erzählhaltungen (wie etwa der des allwissenden Erzählers) gekennzeichnet. So begriffen manche der betreffenden Autoren Literatur insbesondere auch als »experimentelles Feld«, wobei sie darauf hofften, derart neuartige Sinnbezüge stiften zu können.

Obgleich sich Frisch nur ganz entfernt dieser Richtung verwandt fühlte, weist sein ›Gantenbein‹ gerade in struktureller Hinsicht eine gewisse Nähe zu den entsprechenden Überlegungen auf.

»Gantenbein«, des Geschichtenerzählers, verweist also auf eigene Erfahrungen des Autors. Sie bilden das eigentliche, das geheime Zentrum des Romans. Es handelt sich um ein brillant gestaltetes Stück Romanliteratur, das exemplarisch vor Augen führt, was mit Mitteln erzählender Prosa zu Anfang der sechziger Jahre auf dem Gebiet der Literatur »möglich« ist, wobei sich Frisch hier auch immer wieder von seiner humorvollen Seite zeigt.

Die verwendeten biographischen Details legen die Vermutung nahe, es handle sich bei Gantenbein um eine »Maske« des Autors. Frisch vermag augenscheinlich jede seiner Erfahrungen ins Literarische zu überführen. Daß es ihm dabei gelingt, sich als meisterlichen Erzähler zu präsentieren, statt vor den Augen eines voyeuristischen Publikums vermeintlich authentischen Enthüllungskitsch auszubreiten – dies beeindruckt zutiefst und wird mit Recht als genuines Merkmal seiner Arbeit begriffen. Friedrich Dürrenmatt hat diesen Sachverhalt auf den Punkt gebracht: Frisch »konnte Dinge erzählen und beschreiben, die er erlebte, und sie unmittelbar umsetzen in seinem Werk … Ich bewundere in Frisch, daß er sich als Fall ansah. Frisch ist immer der Fall, sein Fall ist der Fall.« (in: Dürrenmatt, Gespräche, II, 154)

Gantenbein nun stellt sich vor, wie sich das Leben entwickeln mag, wenn … So »schlüpft« er nicht nur in die Existenz des Architekten Svoboda, sondern auch in die des Schriftstellers Enderlein. Und auch Gantenbein selbst inszeniert sich, in dem er vorgibt, blind zu sein. Verheiratet mit der attraktiven und erfolgreichen Schauspielerin Lila, führt er mehrere Jahre lang das schwierige Kunststück auf, blind zu sein. Und alle, selbst die eigene Ehefrau, fallen darauf herein. In der Rolle des Blinden erfährt Gantenbein nun zahlreiche Dinge, die nicht für einen Sehenden gedacht sind, ohne daß er aber mit jemandem darüber sprechen könnte. Lila pflegt neben ihrer Ehe intime Beziehungen zu anderen Männern. Mehr und mehr seiner Eifersucht ausge-

48 Anregungen für seine Frauendarstellungen erhielt Max Frisch u. a. durch Simone de Beauvoirs (1908–1986) ›Das andere Geschlecht‹ (1949). Nahezu all seine Frauenfiguren zeigen ein hohes Maß an Selbst- bzw. Eigenständigkeit. Als abhängig erweisen sie sich jedoch im Hinblick auf die Liebe ihres jeweiligen Partners. Frischs Interesse richtete sich dabei v. a. auf die Frage, was dies für die »Freiheit« des Mannes bedeutet.

Jeder Mensch, nicht nur der Dichter, erfindet seine Geschichten – nur daß er sie, im Gegensatz zum Dichter, für sein Leben hält – anders bekommen wir unsere Erlebnismuster, unsere Ich-Erfahrung, nicht zu Gesicht. *IV, 263*

liefert angesichts dessen, was er »sieht«, beendet Gantenbein sein »Spiel« und berichtet Lila die Wahrheit, doch die Ehe zerbricht: »Ich sitze in einer Wohnung: – meiner Wohnung ... Lang kann's nicht her sein, seit hier gelebt worden ist; ich sehe Reste von Burgunder in einer Flasche, Inselchen von Schimmel auf dem samtroten Wein ... Es riecht nach Staub und Bodenwichse. Von den Personen, die hier dereinst gelebt haben, steht fest: eine männlich, eine weiblich.« (Gan, V, 18f.)

Frisch bewies im ›Gantenbein‹ allerdings nur wenig Interesse, den Leser im einzelnen mit dem Leben des Mannes, der Frau vertraut zu machen. Im Hinblick auf letztere gab er zu verstehen: »Lila ist überhaupt keine Figur. Und das ist ja der Jammer, der erzählt wird. Lila ist eine Chiffre für das Weibliche, das andere Geschlecht, wie das Buch-Ich es sieht; seine Chiffre, von der er nicht loskommt. Drum gibt es nur sie, die es nicht gibt. Das ist ja die Komödie. Was von Lila erzählt wird, porträtiert nur ihn.« (›Ich schreibe für Leser‹, V, 333f.). Sich in unterschiedlichsten »Lebenswelten« imaginierend, gerät Gantenbein doch immer wieder an unüberwindbare Grenzen. Dem scheint Frischs Überzeugung, daß alles im Leben immer auch anders hätte sein können (»es gibt keine Handlung und keine Unterlassung, die für die Zukunft nicht Varianten zuließe«, V, 367), entgegen zu stehen. Indes wird sie im ›Gantenbein‹ in höchst komplexer Weise literarisiert. Sowohl in formaler wie auch inhaltlicher Hinsicht, so läßt sich resümieren, bildet der Umstand, daß all das möglich sein könnte, was Gantenbein erzählt bzw. in seinen Rollen erlebt, nicht die Pointe des Ganzen. Sie liegt vielmehr darin, daß hinsichtlich dessen, was möglich gewesen wäre, Unzähliges ohne Realität bleibt.

›**Zürich-Transit**‹. Skizze eines Films, 1966 als Buch publiziert. Der Film sollte als »work in progress« gemeinsam von Regisseur und Autor sukzessive von Sequenz zu Sequenz erarbeitet werden, wobei Autor und Regisseur unmittelbar am Set über Inhalt und Form entscheiden würden. Als orientierende Grundidee fungierte die Variante einer »Episode« des ›Gantenbein‹. Die Dreharbeiten – unter der Regie Ernst Leisers – begannen im Herbst 1965. Im Winter wurde er von Bernhard Wicki abgelöst. Beiden Regisseuren gelang es allerdings nicht, Frisch von ihrer Lösung der filmischen Umsetzung des »Ich stelle mir vor« zu überzeugen.

# »Manchmal meine ich sie zu verstehen«

49 Max Frisch Anfang der sechziger Jahre in Rom

Zeitlebens suchte Frisch die unmittelbare Nähe zu Frauen: Sinnliche Ausstrahlung, Schönheit und Anmut faszinierten ihn jedoch nicht nur im banalen geschlechtsspezifischen Sinn. So findet sich kaum eine literarische Arbeit von ihm, in der er nicht auch das Zusammenleben von Mann und Frau thematisierte. Der Frage nach genuinen Unterschieden zwischen den Geschlechtern begegnete er mit der Überzeugung, daß dergleichen auch auf gesellschaftlich sedimentierten Rollen, Zuschreibungen etc. beruhe. »Wir brauchen die Darstellung des Mannes durch die Frau, die Selbstdarstellung der Frau« (VI, 676), schreibt er an Ingeborg Bachmann im Hinblick auf deren Hörspiel ›Der gute Gott von Manhattan‹ (Erstsendung 29. Mai 1958, BR und NDR) – er hatte sich das Stück eigens in einem Hamburger Studio des NDR vorspielen lassen. In dieser Arbeit zeichnet die Autorin mitleidlos eine von Männern dominierte Welt, in der statt Freiheit und Liebe nur Ausbeutung und Machtgier von Bedeutung sind.

50 Max Frisch beim Empfang des Karamu-Theaters in Cleveland, Ohio, während seiner ersten Amerikareise im Jahr 1951, in deren Verlauf u. a. wichtige Vorarbeiten zu ›Don Juan‹ und ›Stiller‹ entstehen. »Negertheater – eine meiner großen Erwartungen! – ist überraschenderweise kaum zu finden … Tatsächlich hat der Neger, auf seinem Weg zur Gleichberechtigung, nirgends ein so offenes Tor wie in der Kunst. Warum nutzt er es kaum …?« (›Sehenszeit‹, 130)

Frisch suchte die Nähe von Frauen, der Monogamie allerdings stand er höchst skeptisch gegenüber. Seiner ersten Verlobten Käte Rubensohn bekannte er am 29. August 1934, »ich glaube an das Mysterium des Lebens, ich glaube an die Gewalt der Liebe und der Untreue, ich glaube an das schmerzlich Unberechenbare unseres Tuns ... Darum dünkt mich der größte Witz, den sich die Menschen erlauben: die bürgerliche Heirat.« Soweit es die Ehe betrifft, bleibt er dieser Auffassung allerdings nicht bedingungslos verpflichtet, vielmehr heiratet er sogar zweimal. Seine erste Ehe (1942–1954/1959) führt er mit Trudy von Meyenburg (die er in Briefen auch schon einmal liebevoll »Mein lieber Zottel« nennt), die zweite mit Marianne Oellers (1963/1968–1979). Keine seiner Ehefrauen und Lebensgefährtinnen bleibt von Frischs eigenwilligem Treueverständnis unberührt. Insbesondere mit Beginn seiner Arbeit fürs Theater Mitte der vierziger Jahre lösen die Affären einander ab. Seinem Freund Enrico Filippino gestand er angeblich einmal, daß die Heirat wohl ein Irrtum war. Soweit es den Ehealltag zwischen Frisch und seiner ersten Frau anbelangt, vermitteln die Romane ›Die Schwierigen‹ und ›Stiller‹ zumindest einige Gründe, die Frisch letztlich zur Trennung von Frau und Kindern veranlaßten. Vor allem anderen geht es ihm darum, den Alltag seinen Einsichten gemäß zu gestalten. Das aber ist mit dem durch und durch bürgerlichen Rahmen, in den das Leben der Familie Frisch eingebunden ist, nicht in Übereinstimmung zu bringen. Frischs Affären scheinen daher weniger Ausdruck seines Trieblebens. Es dokumentiert sich hier wohl eher die Absicht, das durch Heirat und »bürgerliche« Existenz entstandene soziale Geflecht zu zerreißen.

Die Trennung von Frau und Kindern im Jahr 1954 (Scheidung 1959) gilt, dem restaurativen Zeitgeist entsprechend, einem Großteil des Züricher Bürgertums als skandalös. Frisch verstößt mit seiner Entscheidung nicht allein gegen die »bürgerlichen« Spiel-

**Frisch über die Zeit der Trennung von seiner Frau und seinen Kindern**
Wenn wir realistisch sind: Es ist ja auch nicht leicht, sich herauszulösen. Mal ganz einfach: Sie haben einen Beruf, Sie haben einen Auftrag von der Stadt, den Sie durchführen müssen. Sie können nicht einfach sagen: Ich habe jetzt eine Einsicht, die dem allen entgegensteht. Sie haben die Verträge, Verpflichtungen, ferner haben Sie eine Ehe – und eine erste Ehe scheidet sich nicht so leicht, jedenfalls gelang es mir nicht, mit drei Kindern –; das braucht Zeit, Zeit der Unsicherheit, Zeit der Mühen, Zeit des schlechten Gewissens usw. *GmA, 18*

regeln. Für viele kommt sein Verhalten einer Beleidigung gleich, weshalb er von nun an in eben diesen Kreisen unerwünscht ist.

Wer hätte Max Frisch nachdrücklicher daran erinnern können, »daß Liebe nicht zu fordern ist, daß auch unsere eigene Liebe, oder was wir so nennen, aufhört, ernsthaft zu sein, sobald wir daraus einen Anspruch ableiten …« (Tgb I, II, 713), als Ingeborg Bachmann, mit der Frisch seit Juli 1958 eine Liebesbeziehung verband. In vielerlei Hinsicht ebenbürtig, in intellektuellen Dingen bisweilen überlegen (»ich gab ihr den Vorrang, sie nahm das auch an«), erwies sie sich als kongeniales Gegenüber. Ebenso auf Unabhängigkeit bestehend wie Nähe einfordernd, was sich nicht zuletzt auch in intimen Kontakten mit anderen Männern dokumentierte, versetzte sie Frisch nicht nur in einen Zustand quälender, nervenaufreibender Eifersucht, sondern erschütterte damit auch sein bis dahin doch weitgehend ungebrochenes männliches Selbstverständnis. »Hörigkeit« schien ihm der treffende Begriff zur Charakterisierung dessen, was ihn mit Ingeborg Bachmann verband. Für beide Seiten war die Beziehung wohl weithin nur wenig glücklich. »Eine Woche in Zürich als Liebespaar und aus klarer Erkenntnis der erste Abschied. Das gibt es tatsächlich: daß Haare zu Berge stehen. Ich habe es bei ihr gesehen. Die klare Erkenntnis: lebbar nicht länger als vier Wochen.« (Mon, VI, 711)

Näher kennengelernt hatte man sich am 3. Juli 1958 anläßlich eines Gastspiels des Züri-

51 ›Spiegel‹ vom 18. August 1954. In Klagenfurt geboren und aufgewachsen, wird Ingeborg Bachmann (1926–1973) 1950 mit einer Arbeit über Heidegger promoviert. In den Jahren 1953–1957 lebt sie erstmals für längere Zeit in Italien, wo sie u. a. als Korrespondentin der ›Westdeutschen Allgemeinen‹ tätig ist. Für ihren ersten Gedichtband ›Die gestundete Zeit‹ (1953) erhält sie den Preis der Gruppe 47. 1955 folgt eine Studienreise in die USA. Im WS 1959/60 eröffnen ihre Vorträge an der Universität Frankfurt die Reihe der Poetik-Vorlesungen. Werke u. a.: ›Anrufung des Großen Bären‹ (1956), ›Der gute Gott von Manhattan‹ (1958), ›Malina‹ (1971).

cher Schauspielhauses mit ›Biedermann und die Brandstifter‹ in Paris. Die beiden sind geradezu fasziniert voneinander. Statt besagtes Gastspiel zu besuchen, sitzen sie in einem Café und reden bis in den frühen Morgen hinein (Hinweise dazu finden sich sowohl in Frischs ›Gantenbein‹ und ›Triptychon‹ als auch in Bachmanns ›Malina‹). Bereits im November 1958 zieht Ingeborg Bachmann zu Max Frisch in die Feldeggstraße 21 – hier entstehen einige ihrer 1961 unter dem Titel ›Das dreißigste Jahr‹ erscheinenden Erzählungen. Von Februar 1959 an lebt man zusammen in einer größeren Wohnung in Uetikon am Zürichsee – wenngleich der gemeinsame Alltag von vielzähligen Verpflichtungen außerhalb Zürichs unterbrochen wird. Speziell zu Arbeitszwecken mietet Ingeborg Bachmann im Oktober einige Räumlichkeiten in der Züricher Kirchgasse 33 an; hier hat Gottfried Keller einmal gewohnt.

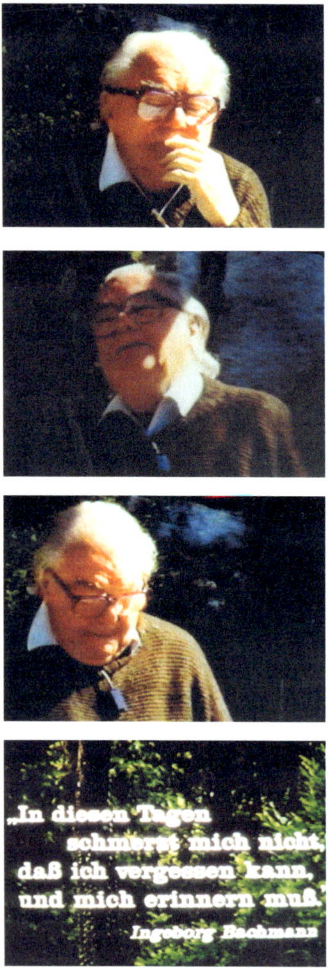


52 Szenenfolge aus Philippe Pilliods Filminterview mit Max Frisch: ›Gespräche im Alter‹ (1985/1986). Pilliods Frage nach Ingeborg Bachmann wühlt Frisch sichtlich auf. Frischs Resümee – »Sicher ist eins: Wenn ich an Ingeborg Bachmann denke, denke ich nicht an sie mit einem Schuldbewußtsein, aber mit dem Gefühl einer großen Reue« – vervollständigt er durch einige Zeilen aus Bachmanns Gedicht ›Alle Tage‹. »Die Auszeichnung ist der armselige Stern über der Hoffnung … Er wird verliehen … für die Tapferkeit vor dem Freund … für den Verrat unwürdiger Geheimnisse … Und die Nichtachtung jeglichen Befehls.«

Die Beziehung erweist sich von Anfang an als äußerst problematisch, beider Erwartungshaltungen sind höchst unterschiedlich und nur mit Mühe miteinander in Einklang zu bringen. Bachmanns Vorstellungen einer freien Entfaltung ihrer Persönlichkeit (und dies meint immer auch Liebe bzw. Sexualität) scheinen Frisch zu überfordern. Jedes Moment der Beziehung, und sei es noch so banal, gerät in den Sog dieses grundsätzlichen Problems. Die Folge sind heftige und beide Seiten verletzende Auseinandersetzungen. Frisch erlebt sich als Opfer. Von seiner Eifersucht in die Enge getrieben, scheut er sich sogar nicht, einige ihrer Briefe zu öffnen. »Ihre Freiheit gehört zu ihrem Glanz. Die Eifersucht ist der Preis von meiner Seite; ich bezahle ihn voll«, heißt es später in ›Montauk‹. (VI, 715)

Daß Frisch im Mai 1959 an einer schweren Hepatitis erkrankt, vereitelt den Plan, gemeinsam nach Rom überzusiedeln. Ingeborg Bachmann bricht allein auf, Frisch bleibt in Zürich zurück. Während der Monate im Krankenhaus verfaßt er ein Tagebuch, durch dessen Niederschrift er sich Klarheit über seine Situation und die Beziehung zu verschaffen hofft. Später einmal wird Ingeborg Bachmann die Schublade, in der Frisch das Konvolut verwahrt, mit Gewalt aufbrechen und das Manuskript verbrennen.

Obgleich nichts für eine zukünftig harmonischere Beziehung spricht, unterbreitet er ihr im Herbst 1959 – vergeblich – einen schriftlichen Heiratsantrag. Dennoch möchten beide die Beziehung fortsetzen, auch Frisch lebt jetzt in Rom (1960–1965). Zunächst wohnt man gemeinsam in der Via Giulia, dann in der Via de Notaris, ohne aber die Wohnung in Uetikon aufzugeben. Der Haushalt wird großzügig geführt, ein Hausmädchen mit weißer Spitzenhaube wartet der Herrschaft auf. Während Ingeborg Bachmann diese Form des Lebens offensichtlich genießt, verspürt Max Frisch eher Skrupel. Ihm ist es peinlich, nach dem Mädchen zu klingeln. So erklärt sich beispielsweise, daß er den

**Bruderschaft**

Alles ist Wundenschlagen,
und keiner hat keinem verziehn.
Verletzt wie du und verletzend,
lebte ich auf dich hin.

Die reine, die Geistberührung,
um jede Berührung vermehrt,
wir erfahren sie alternd,
ins kälteste Schweigen gekehrt.

*Ingeborg Bachmann, um 1957*

konsternierten Ausdruck Pinas (»die ihr Leben lang bei Aristokraten gedient hat«) erfreut registriert, als etwa einer seiner Gäste (Heinrich Böll) gegen die Etikette verstößt. Soweit Frisch seine Wohnungen selbst gestaltet, sind diese eher funktional gehalten und tendenziell streng möbliert. Die Wohnung in der Via de Notaris mit der Attrappe einer zwölfbändigen Baudelaire-Ausgabe oder falschen venezianischen Spiegeln auszustatten, geht wohl weder auf ihn noch auf Ingeborg Bachmann zurück.

Beide haben im Werk des jeweils anderen deutliche Spuren hinterlassen. Während Max Frisch seine Erfahrungen vor allem in ›Gantenbein‹ und ›Triptychon‹ literarisierte, verarbeitete, wie ein Teil der Literaturwissenshaft behauptet, die gebürtige Klagenfurterin ihre Erfahrungen mit Frisch in ›Malina‹ und weiteren Texten des ›Todesarten‹-Zyklus. Man trennt sich im Winter 1962/1963; dennoch bleiben beide auf Jahre hinaus im Denken einander präsent. Der Blick auf die entsprechend motivierten Werke genügt indes nicht, die Dimensionen dieser für die beiden Schriftsteller so bedeutsamen Beziehung hinreichend zu erhellen. Schließlich begegnen hier fiktional ausgerichtete Texte, Literarisierungen eben, und keine unmittelbar authentischen Zeugnisse.

Wichtige private Dokumente sind dem Zugriff der Öffentlichkeit entzogen. Bachmanns Briefe beispielsweise bleiben bis zum Jahr 2025 versiegelt. (Im übrigen sind auch die Briefwechsel mit Trudy Frisch-von Meyenburg oder Marianne Frisch-Oellers zur Zeit nicht zugänglich.)

Durch das Ende der Beziehung gerät Ingeborg Bachmann in eine schwere Krise. Versuche, ihre zwischenzeitlich diagnostizierte Tabletten- und Alkoholabhängigkeit in den Griff zu bekommen, schlagen fehl. Ihre zwischen 1962 und 1964 entstandenen Notizen, unter dem Titel ›Ich weiß keine bessere Welt‹ im Jahr 2000

**Paul Nizon über Max Frischs Verhältnis zum Reichtum**
Frisch schämte sich seines Reichtums, er konnte immer lange davon erzählen, wie etwa Dürrenmatt skrupellos von seinem Geld Gebrauch mache und ohne alle Gewissensbisse immer das Größte bestelle, den größten Schreibtisch, ein noch größeres Grundstück, Wein mit Jahrgängen bis ins vorige Jahrhundert zurück, auch das spielte Frisch gern seinen Gästen vor, die Gigantonomie eines Dürrenmatt, dessen Unbekümmertheit, Ungebrochenheit, er neidete ihm beides, nicht das Geld, nicht den Ruhm, bloß das unschlechte Gewissen beim Reichsein und Geldausgeben. Er ist nie wohl in seiner Haut, er ist amüsant mit diesem Schuß Bitterkeit, mit dieser neidischen Bosheit, und dabei hat er ja alles. *›Die Innenseite des Mantels‹ (1995), 70*

Oft ist sie für Wochen weg, ich warte in ihrem Rom. Ein Mal ... kann ich keine Stunde mehr warten, sondern fahre vor die Stadt hinaus und halte Wache auf einer Böschung der Straße; ich warte auf ihren blauen Volkswagen. Um sie zu begrüßen. Für den Fall, daß die Fahrerin mich an der Straße nicht sieht, steht mein Wagen startbereit in Richtung ROMA/CENTRO. Mon, *VI, 715*

erschienen, müssen als deutliche Hilferufe eines seelisch zutiefst verletzten Menschen gelesen werden: »Ich leb von keinem Wort, da reicht man keine Hand/Der schreibt kein Wort mehr in sein Blutbuch« – »Daß keine meiner Schmerzen ihn bewegt,/kein Schweiß ihn feuchtet, nicht der Todesschweiß/nicht gelbes Fieber, nicht der Scharlachbrand/ihn brennt, ihn brennen macht,/ und keine Litanei, und Rufe, Briefe,/Schreie wie nie/gewesen sind, was soll noch mehr sein,//Mehr kann nicht mehr sein«.

Frischs ›Triptychon‹ (1979) wiederum erlaubt einen weiteren Blick auf seine Versuche zu begreifen, weshalb die Beziehung scheiterte. In der Figur der Francine bezieht er sich offensichtlich auch auf Ingeborg Bachmann: »Wieso haben wir uns getrennt? ... Weißt du, was ich manchmal gedacht habe: – Francine liebt ihre Liebe. Und das hat überhaupt nichts zu tun mit dem Mann, der ihr begegnet. Francine gehört zu den Großen Liebenden. Sie liebt ihre Verzückung, ihre Angst und ihre Sehnsucht und ihre Bitternis, ihre Hingabe im Übermut, und der Mann, der das auf sich bezieht, ist selber schuld.« (T, VII, 179/182)

Angehörigen der Schriftstellerin (insbesondere deren Schwester Isolde Moser), aber auch einigen der Bachmann-Forscher gilt Max Frisch nicht nur als verantwortlich für eine der schlimmsten Lebenskrisen der Österreicherin, auch ihren tragischen Tod 1973 rechnen ihm manche ursächlich zu und bezeichnen ihn gar als »Bachmann-Mörder«. Im ›Triptychon‹ heißt es dazu: »Deine Familie betrachtet mich sozusagen als deinen Mörder ... Du sollst

---

In der **Bachmann-Forschung** wird diskutiert, ob die Beziehung zu Frisch die Erinnerung an inzestuöse Begegnungen so vehement wachrief, daß die Krisis unausweichlich war (B. Stuber). In ihrem ›Todesarten‹-Zyklus sucht Bachmann darzulegen, wie Psyche und Physis der Frau durch das männliche Prinzip zerstört werden. »Wo fängt der Faschismus an ... Er fängt nicht an ... mit dem Terror, über den man schreiben kann, in jeder Zeitung. Er fängt an in Beziehungen zwischen Menschen. Der Faschismus ist das erste in der Beziehung zwischen einem Mann und einer Frau ... hier in dieser Gesellschaft ist immer Krieg.« (GuI, 144)

... gebeten haben, daß mein Name in deiner Gegenwart nicht mehr erwähnt wird« (T, VII, 176). In der im Piper-Verlag erschienenen Bildbiographie beispielsweise findet sich denn auch lediglich eine einzige Abbildung, auf der Max Frisch zu sehen ist. Ursprünglich hatte Isolde Moser auch dies verhindern wollen. Zumindest die »Biographischen Daten« im Anhang des Bildbands verzeichnen den Namen Max Frisch nicht. Und hinsichtlich der Jahre 1958–1963 heißt es, die entscheidenden Fakten unterschlagend: »Ingeborg Bachmann wohnt wechselweise in Zürich und Rom.« Auch Sigrid Weigel, Verfasserin einer umfangreichen Bachmann-Studie, unternimmt keinen ernsthaften Versuch zu klären, was Frisch und Bachmann in solch fataler Weise aneinander band und weshalb die beiden so furchtbar aneinander scheiterten. »Das Ende haben wir nicht gut bestanden, beide nicht«, heißt es in ›Montauk‹. Indessen ließ er niemals Zweifel aufkommen, daß er diese Beziehung als eine der wichtigsten Erfahrungen seines Lebens begriff. Und auch Ingeborg Bachmanns poetischem Vermögen zollte er zeit seines Lebens größten Respekt.

Daß Ingeborg Bachmann ihrerseits Frischs Literarisierung der gemeinsamen Zeit, etwa im ›Gantenbein‹, nicht akzeptieren konnte, sich vielmehr bloßgestellt sah und solcherart entwürdigt, ist für einen Außenstehenden kaum nachzuvollziehen. Sigrid Weigel vertritt gar die Ansicht, der Roman enthalte »keine erkennbaren Spuren, die auf Bachmann hindeuten«, dies sei nichts weiter als ein Gerücht. Wer sich Frischs schriftstellerischen Ansatz vergegenwärtigt, wird jedoch nicht umhin können, diese in inhaltlicher Hinsicht zuweilen banal anmutende »Beziehungsgeschichte« auf »Realien« hin zu prüfen. Schließlich bildet die autobiographische Dimension in allen Frisch-Texten ein entscheidendes Moment, ja gilt zu Recht als charakteristisches Merkmal.

Während die Verbindung mit Ingeborg Bachmann zusehends brüchiger wird, das unausweichliche Ende bereits absehbar ist,

---

**Die Tagungen der Gruppe 47** verliefen nach einem festen Muster: Über drei Tage hinweg lasen die Teilnehmer einander zunächst aus ihren Manuskripten vor, um sich sodann der Kritik des Auditoriums zu stellen. Der Vortragende (auf dem sog. »elektrischen Stuhl« sitzend) hatte Lob und Tadel widerspruchslos hinzunehmen. Wer hier einen Erfolg verbuchen konnte, durfte auch des öffentlichen Zuspruchs sicher sein. Zum Abschluß der Tagung wählten die Teilnehmer einen Preisträger, der aufgrund der herausragenden Bedeutung der Gruppe 47 damit als literarische Größe öffentlich anerkannt war.

ROGER: »Später habe ich eine Erklärung gehört …, daß ich Francine drei Jahre lang erpreßt habe mit Selbstmorddrohungen!« *(T, VII, 180)* – »Ich finde es infam, wenn du das erzählt hast« *(T, VII, 181)* – FRANCINE: »Roger, du hast mir nie geholfen.« (T, *VII, 201)* – »Du willst, daß ich dich brauche. Das hältst du für deine Liebe. Wenn du Mut hast, so bin ich dir eine heimliche Last. Du hängst an mir, wenn du feige bist « *T, VII, 203*

lernt Frisch in Rom eine Frau kennen, die in mancherlei Hinsicht eine gänzlich andere Persönlichkeit ist. Daß Frisch trotz seiner desaströsen Erfahrungen mit Ingeborg Bachmann überhaupt eine neue und für viele Jahre äußerst stabile Beziehung unterhalten kann, ist in hohem Maße eben darauf zurückzuführen. Im Sommer 1962, als man sich zum ersten Mal begegnet, ist Marianne Oellers gerade 23 Jahre alt, 28 Jahre jünger als Frisch. Die Freundin des damaligen Villa-Massimo-Stipendiaten Tankred Dorst studiert Germanistik und Romanistik in München und interessiert sich brennend für alles, was mit Theater zu tun hat; die begonnene Doktorarbeit ›Über den Einfluß der »Commedia dell'Arte« auf das »Théatre de Vaudeville«‹ wird schließlich allerdings nicht zu Ende geführt. Frisch erweist sich ihr gegenüber als unkonventioneller, humorvoller Mensch, mit dem sie sich blendend versteht und den sie mit ihrer offenen, »frechen« Art sogleich für sich einnimmt.

»Ich traue mir den Mut zu, Einsicht zu haben, wenn ich zu alt geworden bin für sie. Zwei Jahre? Drei Jahre? Sie zögert weislich. Sie kommt nach Rom und zögert einen Sommer lang. Später ein ländliches Haus, gemeinsam eine kleine Wohnung in Zürich, dann eine andere, eine große, Reisen zusammen, es werden neun Jahre, länger als sie je gedacht haben« (VI, 686), skizziert Frisch in ›Montauk‹ (1975) ihr Zusammenleben. 1964 beziehen beide eine in der römischen Altstadt gelegene Atelierwoh-

Sie möchte nicht, daß ich je zu einer Tagung der GRUPPE 47 erscheine; das bleibt ihre Domäne … Dann und wann verdrießt mich die Geheimnistuerei. Was fürchtet sie? Einmal reisen wir nach Klagenfurt; sie zeigt mir den Brunnen mit dem Lindwurm, berühmt durch ihren Text; ich bin (so sagt sie) der erste Mann, dem sie das zeigt, und sie zeigt mich der Familie. Dann wieder, in Rom, scheidet sie Vergangenheit und Gegenwart; plötzlich bleibt sie stehen, wie von einem Ziegel getroffen, und hält den Handrücken vor ihre steile Stirn: Bitte, nein, laß uns nicht durch diese Gasse gehen, nein, bitte nicht! Ich frage nicht. Man vergibt sich mit seinen Geheimnissen. *Mon, VI, 714*

nung in der Via Margutta. Aus dem Fenster geht der Blick auf die Medici-Villa und den sie umgebenden Park. Im gleichen Jahr entschließt sich Frisch zum Kauf eines alten Bauernhauses im Tessin. Nicht nur Alfred Andersch, mit Frisch zeitweilig gut befreundet, sondern auch Golo Mann und andere Kollegen wohnen in der Nachbarschaft. Der erstere macht ihn auf das baufällige »Rustico« im 82-Seelen-Dorf Berzona im malerischen Val Onsernone nahe des Lago Maggiore aufmerksam. Die Landschaft, der Wunsch nach einem Zuhause, geben den Ausschlag: »Ich habe nie davon geträumt, ein Haus zu haben; jetzt möchte ich es. Wir werden trotzdem noch reisen; es soll kein Gefängnis werden, nur ein Zuhause, wenn Du dazu bereit bist: Unser Zuhause.« (Mon, VI, 743) Aber auch die Befürchtung, es lasse sich in Rom allzu leichtfertig in den Tag hineinleben und das Zusammenleben dort könnte letztlich »irgendwie ortlos« bleiben, spielt eine Rolle bei der Entscheidung. Geplant ist, die Sommer im Tessin, die Winter dagegen in der Stadt zu verbringen. Über ein Jahr dauern die umfangreichen Umbauten. Nachdem man das Haus im Herbst 1965 bezogen hat, entwickelt es sich immer mehr zum ständigen Wohnsitz. 1966 kommt noch eine Wohnung in Zürich im stadtbekannten Hochhaus Lochergut hinzu: »Es war ein ideologischer Entschluss dahinzugehen«, räumt Frisch ein. »Ich wollte nicht in dem mir bekannten, schöneren Zürich wohnen, sondern in einer anderen Sozialstruktur.« Das »soziale Experiment« glückt jedoch nicht, die erwünschten neuen Kontakte zu Gleichgesinnten bleiben aus. So zieht es das Paar anderthalb Jahre später vor, neben Berzona eine Wohnung in Küsnacht am Zürichsee zu unterhalten (1968).

53 Marianne Oellers, Zürich 1967; geboren 1939 in Ratingen als Tochter des Schriftstellers Werner Oellers. Kindheit und Besuch des Gymnasiums in Hösel und Ratingen. Nach dem Abitur (1958) Studium der Germanistik, Philosophie, Romanistik und Theaterwissenschaften in Bonn und München. Gleichzeitig als freie Lektorin für den WDR tätig. 1963 wegen Tod des Doktorvaters, Edgar Hederer, Beendigung des Studiums. Von längeren Aufenthalten in Rom und New York abgesehen, lebt sie seither wahlweise in der Schweiz und in Berlin. Freie Mitarbeiterin von Verlagen und Rundfunkanstalten als Übersetzerin, Hörspielautorin und Lektorin.

54 Das Tessiner Haus in Berzona zur Zeit des Umbaus 1964/1965

Das Leben im Tessin wird von zahlreichen Reisen unterbrochen. Direkt nach seiner Trennung von Ingeborg Bachmann hatten Marianne Oellers und Max Frisch ihre erste Auslandsreise unternommen. Sie begleitet ihn im Februar des Jahres 1963 anläßlich der New Yorker Premieren von ›Andorra‹ und ›Biedermann und die Brandstifter‹, danach geht es weiter nach Mexiko. 1965 reist Frisch zusammen mit seiner Lebensgefährtin im Zusammenhang mit der Verleihung des »Man's Freedom Prize« nach Jerusalem und hält dort die erste offizielle Rede in deutscher Sprache seit Ende des Zweiten Weltkriegs. Zur ›Sprache der Täter‹ merkt er an: »Wie belastet sie auch ist mit Schmach und Schuld, man kann seine Muttersprache nicht wählen. Man kann sich nur zu ihr bekennen, indem man sie reinigt«. (V, 360f.).

Im Jahr 1966 reisen Marianne Oellers und Max Frisch gemeinsam mit Tankred Dorst und Alex Sadkowsky privat durch die Sowjetunion. Moskau und Leningrad stehen ebenso auf dem Programm wie das Schwarze Meer und Odessa. Die Rückreise führt über Warschau, eine Stadt, die er vor langer Zeit schon einmal besucht hatte. Er erinnert in seinem zweiten ›Tagebuch‹ (1966–1971) daran und stellt amüsiert fest: »20 Jahre seit meinem letzten Besuch – man kommt sich schon historisch vor.« (VI, 41)

Nach Zürich zurückgekehrt, erfährt er, daß seine einundneunzigjährige Mutter im Sterben liegt. Zeitlebens hatten sich die Söhne mit großer Fürsorge um sie gekümmert. Noch der Achtundachtzigjährigen hatte er seine damalige Wahlheimat Rom gezeigt und notiert: »Sie will noch alles sehen ..., sie ist uner-

**Frisch über Berzona:** Lieber Professor Schmid, Weihnachten, Fest der Menschenliebe und so, in Zürich-Vaterstadt, Unbehagen nicht im Staat und so, Unbehagen nur im Hotelzimmer – aber nicht tragisch; ich habe eben einen Boden unter die Füsse gefunden, 9000 m², herrlich mit einem alten bäurischen Gemäuer drauf, dies im Tessin, genauer: in jenem oberen und abgelegenen und rauhen Tessin, den ich in ungefähr 600 Dienstagen schätzen gelernt habe. Und es fehlt mir nicht am Geld, um mich im teuren Vaterland niederzulassen, nur an der Erlaubnis. *Hotel PLAZA. Zürich, 25. Dezember 1963*

müdlich. Sie schreibt sich alles auf, was sie von Tag zu Tag gesehen hat; das Heft endet mit dem Satz: ROM, ES WAR EINE GOTTVOLLE ZEIT!« (Mon, VI, 690)

Frisch, der sich gängigen Vorurteilen gegenüber sozialistischen Staaten ebenso verweigerte wie dem allseitigen Propagandagewäsch in der Zeit des Kalten Kriegs, begriff jede seiner Reisen hinter den sogenannten Eisernen Vorhang als ausgezeichnete Möglichkeit, sich selbst ein Urteil zu bilden. Insbesondere die Sowjetunion bildete hier einen Schwerpunkt des Interesses, allerdings nicht aus Gründen der Sympathie, sondern der welthistorischen Rolle halber, die dieser Staat besaß. Wenngleich mit Chruschtschow der Terror des Stalinismus überwunden wurde – demokratische Entwicklungen wie beispielsweise die in der CSSR tolerierte die Sowjetunion nicht. Frisch verweist 1968 auf Andrej D. Sacharow und schreibt: »Seine Hoffnung deckt sich mit der unseren: daß Sozialismus sich endlich entwickle in der Richtung seines großen Versprechens.« (VI, 476f.)

Er selbst sympathisierte mit sozialdemokratischen Ideen, aber der Gedanke, eine politische Funktion auszuüben, lag ihm fern. Frisch ging es vielmehr – in einem sehr grundsätzlichen Sinne – um die Auseinandersetzung mit politischen Ideen, beispielsweise mit den marxistisch inspirierten Überlegungen, wie sie seit den fünfziger Jahren in den gesellschaftspolitischen Diskurs Eingang gefunden hatten. Zu dem von den Schweizer Medien gehetzten Marxisten Konrad Farner pflegte er eine lange, intensive Freundschaft und unterstützte ihn auch finanziell. Undogmatische Linksintellektuelle wie Theodor W. Adorno (›Dialektik und Aufklärung‹, 1947, zusammen mit M. Horkheimer), Herbert Marcuse (›Der eindimensionale Mensch‹, 1964) oder Jürgen Habermas (›Technik und Wissenschaft als Ideologie‹, 1968), maßgebliche Vertreter der sogenannten Frankfurter Schule, mit denen die Frischs befreundet waren, publizierten ihre Arbeiten im

**Politik und Kultur 1964–1966 I**

1964 Gründung der NPD; H. Kipphardt: ›In der Sache J. Robert Oppenheimer‹; H. Marcuse, ›Der eindimensionale Mensch‹

1965 Erstes Heft des von H. M. Enzensberger hrsg. ›Kursbuchs‹, P. Weiss, ›Die Ermittlung‹; SPD verhindert vorerst die Verabschiedung der verfassungsändernden Notstandsgesetze

1966 SPD und CDU/CSU bilden Große Koalition (Kanzler: K. G. Kiesinger, Außenminister W. Brandt. Zunehmende Auseinandersetzungen an den deutschen Hochschulen; Reformvorschläge bleiben unbeachtet

deutschsprachigen Raum ebenso wie er selbst im Frankfurter Suhrkamp Verlag. Daß er über die Beschäftigung mit gesellschaftspolitischen Ideen hinaus im Zweifelsfalle mit eigenen Augen sehen und beurteilen wollte, wie Menschen im Sozialismus leben, war für ihn selbstverständlich.

Im Jahr 1968 – überall in Europa kommt es zu Studentenunruhen, gepaart mit massiven Protesten gegen die US-amerikanische Vietnam-Politik und das »kapitalistische System« – reist Frisch ein weiteres Mal in die Sowjetunion. Er ist zur Teilnahme am Schriftstellerkongreß in Gorki eingeladen. Weitere deutschsprachige Teilnehmer sind u. a. Christa und Gerhart Wolf. Die damals noch weithin linientreue, überaus erfolgreiche DDR-Autorin – 1963 hatte sie den Roman ›Der geteilte Himmel‹ publiziert – sucht näheren Kontakt zu ihrem Kollegen Frisch. Die von offizieller Seite gepflegten (ideologischen) Vorbehalte gegenüber dem Schweizer erweisen sich als überaus hemmend. Trotzdem ist es der Beginn einer Freundschaft. Wie schon anläßlich der zwei Jahre zuvor unternommenen Reise trifft er auch dieses Mal in Moskau mit Lew Kopelew zusammen. Der damals Sechsundfünfzigjährige, unter Stalin bereits zu langen Lager- und Gefängnisstrafen verurteilt, war wieder »in Ungnade gefallen«. »Was bedeutet ein Ausschluß aus der Partei, ein Ausschluß aus dem Schriftstellerverband?«, fragt Frisch. »Sein Goethe-Buch, eine

55 Marianne und Max Frisch in Rom, Via Margutta, 1964 (Foto: Pia Zanetti)

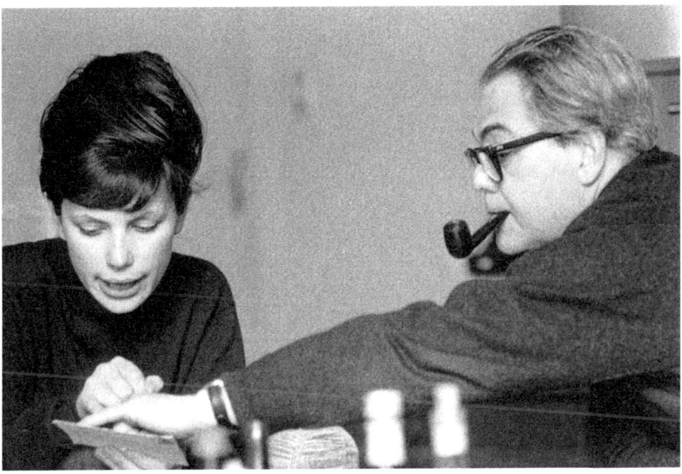

56 Demonstration, 12. April 1968, einen Tag nach dem Attentat auf R. Dutschke

Arbeit von Jahren und schon gedruckt, wird jetzt eingestampft. Unter Stalin, sagt Lew, war es schlimmer.« (VII, 28)

Während weite Teile der europäischen Jugend glauben, neue Formen der Erziehung, des gesellschaftlichen und privaten Miteinanders führten den »besseren« Menschen« herauf, entscheiden sich Max Frisch (57) und Marianne Oellers (29) für eine überkommene Form des Zusammenlebens und beschließen zu heiraten. Das Fest findet am 28. Dezember 1968 in Berzona statt, Trauzeugen sind die Freunde Walter Höllerer und Gisela Andersch. Da Frisch versäumt hatte, die öffentliche Bekanntmachung im Gemeindeblatt zu untersagen, erfährt auch die weitere Öffentlichkeit von der Trauung, ganz gegen die Absicht des Paares.

Im folgenden Jahr reist man nach Japan; im ›Tagebuch 1966–1971‹ finden sich die Reiseeindrücke treffend widerspiegelnde Passagen. Seine Fähigkeit, den Alltag in all seiner Banalität als höchst interessant vor Augen zu führen, beweist sich erneut: »Wochenende im japanischen Haus meines Übersetzers, KOJI NAKANO, Fischerdorf; die Kinder fragen, ob ich, weil so

**Politik und Kultur 1966–1968 II**

1965 Die Luftangriffe der USA auf Vietnam beginnen

1966 Studentenproteste gegen den Vietnam-Krieg

1967 Krieg Israels mit seinen arabischen Nachbarn, israelische Besetzung des Sinai, der Golan-Höhen und des Gaza-Streifens

1968 Verabschiedung der Notstandsgesetze (BRD), verstärkte Protestaktionen und Demonstrationen, Attentat auf Rudi Dutschke; Einmarsch von Sowjettruppen in die CSSR, Niederschlagung des Prager Frühlings; Ermordung von Martin Luther King und Robert Kennedy

dick, ein General sei. Geschwätzigkeit der Frau ist in Japan ein Scheidungsgrund. Ihr Kicher-Lachen: Zeichen höflicher Zustimmung oder was ist es? Wenn ich etwas Alltägliches sage (›Ich habe keinen Durst‹), plötzliches Kichern; mit der japanischen Frau vor einem Berg toter Fische, die zerhackt sind und blutig und stinken, sie blickt eine Weile, dann kichert sie.« (Tgb II, VI, 249)

In den Jahren 1970, 1971 und 1972 folgen längere Aufenthalte in den USA. Während eines New-York-Besuchs im Frühjahr 1970 nimmt man gemeinsam mit Siegfried Unseld eine Einladung ins Weiße Haus an. Henry Kissinger, ehemals Politologe an der Harvard University und zu dieser Zeit Sicherheitsberater Richard Nixons, führt persönlich durch die Räumlichkeiten. Obwohl es nur wenige Tage zuvor zu einer Zuspitzung der Lage im Vietnam-Krieg gekommen ist, nimmt sich Kissinger die Zeit, »*my friend and left-wing publisher*« Unseld und das Ehepaar Frisch umherzuführen und gemeinsam mit ihnen zu Mittag zu essen. In seinem ›Tagebuch 1966–1971‹ hat Frisch ebenso scharf wie treffend das Gefühl der eigenen Ohnmacht beschrieben, das aus dem Widerspruch zwischen Weltpolitik und individuellem Erlebnishorizont resultiert (»Was reden? Ein sommerlicher Tag.«). Doch findet sich Frisch nicht mit seiner Ratlosigkeit ab. Das wirklich Fragwürdige scheint ihm vielmehr die Ohnmacht des Politikers, der zwar für das Leben von Millionen Menschen Verantwortung trägt, für den konkreten einzelnen jedoch zumeist nichts tun kann. So vermerkt Frisch, daß Kissinger seine Hände immer wieder tief in den Hosentaschen vergräbt und fügt dann wie beiläufig hinzu: »Ich verstehe immer mehr, daß Henry A. Kissinger, so oft es nur geht, seine Hände in die Hosentaschen steckt; seine Verantwortung steht in keinem Verhältnis mehr zur Person, die einen Anzug trägt wie wir.« (Tgb II, VI, 284)

Zum Teil sind die Aufenthalte in den Vereinigten Staaten beruflich begründet. So hält Frisch 1971 ein Seminar an der Co-

Das ›**Tagebuch 1966–1971**‹ unterscheidet sich von seinem Vorgänger dem ›Tagebuch 1946–1949‹ auch der äußeren Erscheinung nach. Frisch setzt nämlich die verschiedenen Textpassagen durch jeweilige Schriftbilder miteinander in Beziehung und erreicht so eine deutliche Erweiterung der Bedeutungsebene. Inhaltliche Schwerpunkte bilden u. a. Portraits für ihn wichtiger Personen wie Brecht oder Grass, die Auseinandersetzung mit der fiktiven »Vereinigung Freitod«, Reflexionen über zeitgeschichtliche Ereignisse (z. B. Vietnam) und gesellschaftliche Themen (z. B. Ehe) sowie die Schilderung privater Erlebnisse.

lumbia University in New York zum Thema »Problems of style and expression«. Auch 1972 verbringt das Ehepaar Frisch mehrere Monate in New York. Marianne Frisch arbeitet an einer Übersetzung von Donald Barthelmes ›City Life‹, Frisch müht sich mit einer Ausgabe neuer deutschsprachiger Literatur, die in der Zeitschrift ›Partisan-Review‹ erscheinen soll: »Ich eigne mich nicht dafür«, schreibt er an Uwe Johnson.

1972 wählt man mit Berlin eine durch viele Besuche und längere Aufenthalte bereits vertraute Stadt zum Zweitwohnsitz. Die in der Friedenauer Sarrazinstraße nahe des Flughafens Tempelhof liegende Wohnung avanciert in der Zeit zwischen 1973 und 1979 zum Hauptwohnsitz. Nun ist man auch jenen Freunden näher, die man zuvor nicht häufig treffen konnte, etwa Jurek Becker, Christa und Gerhart Wolf, Hans Joachim Schädlich, Günther Kunert u. a. Auch neue Freundschaften werden geschlossen, zum Beispiel mit Lars Gustafsson oder Oswald und Ingrid Wiener, deren Lokal »Exil« damals ein beliebter Treffpunkt für Intellektuelle ist. Ebenso pflegt man Kontakte zu einer Reihe jüngerer Kollegen, Nicolas Born etwa wohnt ganz in der Nähe. Und Günter Grass oder Uwe Johnson, mit denen die Frischs über viele Jahre hinweg eine intensive Freundschaft verbindet, sind nun zumindest schneller als bisher persönlich zu erreichen. Zuweilen mehrmals in der Woche unternommene Fahrten in den Ostteil der Stadt prägen die ersten Berliner Jahre. Schon im Tessin war dem intensiven Kontakt zu Kollegen und Freunden großer Wert beigemessen worden. Dabei ist die Grenze zwischen Privatem und Beruflichem oft fließend. Siegfried Unseld ist gern gesehener Gast, aber auch eine Vielzahl von Kollegen und sonstige Bekannte empfängt man freundlich. Peter Bichsel, einer der vielen jüngeren Schweizer Schriftsteller, die in Max Frisch einen Förderer und Freund fanden (wie auch Jürg Federspiel, Paul Nizon oder Jörg Steiner), betont nachdrücklich Marianne Frischs Engagement,

**Peter Bichsel über Max Frisch**
Ich hätte immer wieder vieles von ihm gern gewusst. Aber wenn er davon zu erzählen begann, verabschiedete ich mich unter einem Vorwand, weil ich wusste, er hätte es mir – und nicht etwa sich selbst – übel genommen, dass er mir davon erzählte. Vertraulichkeit war seine Sache nicht. Das machte es oft für Fremde wie mich leicht und für Nahestehende – für Marianne – sehr schwer. *In: du. Max Frisch (1911–1991). Hg. von Dieter Bachmann, Heft Nr. 12, Dezember, Zürich 1991, 35*

eine dem Gespräch förderliche gastliche Atmosphäre herzustellen: »Das Bild, das wir uns heute machen von Max Frisch, wäre ein ganz anderes ohne Marianne ... Es gibt kaum einen Autor der damals jüngeren Generation, der ihn nicht durch Marianne kennengelernt hat. Sie öffnete sein Haus – in Berlin, in Zürich, in New York, in Berzona ... Sie verhinderte das Refugium Berzona, das Asyl Rom oder Berlin, den Fluchtpunkt New York.« (in: du, 66)

Trotz zahlreicher gemeinsamer Interessen und Unternehmungen beginnt es Anfang der siebziger Jahre in der Ehe der Frischs zu kriseln. In ›Montauk‹ berichtet Frisch von Mariannes Widerstand gegen seine Absicht, das gemeinsam Erlebte literarisch zu verarbeiten: »Ich habe nicht mit dir gelebt als literarisches Material, ich verbiete es, dass du über mich schreibst.« Hier findet sich auch das bittere Eingeständnis, von seiner Frau über ein Jahr lang »betrogen« worden zu sein: »Es ist sein Fehler; ein Mann, der es nicht merkt, daß die Frau aus einem anderen Bett kommt, ist kein zärtlicher Mann.« (Mon, VI, 698f.). Vor der Publikation kommt es zum offenen Streit. Marianne Frisch steht der geplanten Veröffentlichung sehr reserviert gegenüber, doch sei, wie sie bekennt, Frischs literarische »Verarbeitung« ihrer Liebesbeziehung mit dem amerikanischen Avantgarde-Schriftsteller Donald Barthelme, von dem sie einige Bücher übersetzte, hierbei keineswegs ausschlaggebend gewesen. Vielmehr habe ein fundamentaler Dissens hinsichtlich des Verhältnisses von »privat« und »öffentlich« die entscheidende Rolle gespielt. In der Tat mußte Frischs Auffassung bzw. deren Umsetzung in ›Montauk‹ jeden ver-

57 Uwe Johnson und die Frischs am (Ost-)Berliner Müggelsee, 1974

**Freundschaft mit Uwe Johnson:** In Frischs Berliner Zeit (1973 ff.) besucht man sich regelmäßig, bis Johnson 1974 nach Sheerness zieht. Der Briefwechsel zwischen Frisch und Johnson legt beredtes Zeugnis ab über die Freundschaft und den Respekt, den man einander zollt. Er informiert auch über die gründliche Bearbeitung des zweiten Tagebuchs, von Johnson im Auftrag des Suhrkamp Verlags wie auf Frischs Betreiben hin durchgeführt. Die Auseinandersetzung über die Publikation der von Johnson zum 65. Geburtstag von Frisch zusammengestellten ›Stichworte‹ zeigen Frisch, wie die Briefe, zuweilen als ausgesprochenen »Machtmenschen«.

letzen, der diese Dinge vom Aspekt persönlicher Integrität her sah. Kaum zu bestreiten ist der künstlerisch ambitionierte Charakter des Textes. Uwe Johnson, mit beiden befreundet, bietet sich an, den Autor zu verteidigen und die Ehefrau vom Sinn der Veröffentlichung zu überzeugen. Es gelingt nicht. Im sogenannten ›Berlin Journal‹, das die Jahre 1973–1980 behandelt, hat Frisch, wie er Uwe Johnson 1980 brieflich mitteilte, versucht, u. a. die Geschichte dieser Ehe für sich zu klären. Doch ist das Manuskript erst frühestens ab 2011 der Öffentlichkeit zugänglich. In ›Montauk‹ erhält der Leser indessen schon einigen Einblick in die Verbindung: »Ich habe sie auf Händen getragen: die bequemste Art, umzugehen mit einer Frau, und die schlimmste Art … Offenbar habe ich mich von Anfang an verhalten, als sei ich Gottvater oder mindestens Adam, das Weib aus seiner Rippe gemacht: KOMM FOLGE MIR, ICH LEITE DICH! Die Frau ist nicht undankbar, sondern verzweifelt. Was ich für unsere schönsten Jahre gehalten habe, plötzlich erscheinen sie mir als verlorene Jahre. Mein Laster: MALE CHAUVINISM« (Mon, VI, 679), so jedenfalls sieht es Frisch.

Immer häufiger kommt es zu Meinungsverschiedenheiten zwischen den Eheleuten, eine spürbare Entfremdung stellt sich ein. Frischs Eifersucht, seine von ihm gleichfalls in ›Montauk‹ geschilderten »Anfälle«, die das Leben mit dem insbesondere nach dem Genuß von Alkoholika zu Jähzorn und blinder Wut Neigenden gewaltig belasten, tun ein übriges. Daß Frisch selbst sein diesbezügliches Verhalten in einem Brief an Dürrenmatt (Oktober 1978) als »krank« bezeichnet, dürfte hinreichend belegen, wie heftig er in dieser Hinsicht seinen Emotionen ausgeliefert war.

Die Auseinandersetzung um die Publikation von ›Montauk‹ machte die bisweilen schwierige Ehe, die im Jahr 1979 geschieden wird, nicht einfacher. Die endgültige »wirkliche« Trennung indes folgte, laut Marianne Frisch, erst Jahre später, so feierte man etwa

Eines Abends in Berlin, als ich sie nicht überzeuge (was in den letzten Jahren eigentlich die Regel ist) und als ich's nicht ertrage, daß man mir jedes Mal sofort ins Wort fällt, und als ich merke, daß ich mich selbst nicht überzeuge, gehe ich in die Küche und hole den Mülleimer, setze mich wieder an den Tisch, stelle den Mülleimer auf meinen Kopf und sage: Redet weiter! – bitte.

*Mon, VI, 681*

ihren vierzigsten Geburtstag – nach der Scheidung – gemeinsam in Paris.

**Aus einem der zahlreichen Fragebögen im ›Tagebuch 1966–1971‹ (VI, 137f.)**

1. Tun Ihnen die Frauen leid?
2. Warum? (Warum nicht?) …
7. Befremdet Sie eine kluge Lesbierin? …
9. Was bezeichnen Sie als männlich? …
16. Möchten Sie Ihre Frau sein? …
19. Können Sie sich eine Frauenwelt vorstellen? …
21. Was bewundern Sie an Frauen? …
25. Warum müssen wir die Frauen nicht verstehen?

Im April 1974 reiste Frisch, dieses Mal allein, wieder nach New York, um zwei ihm angetragene Ehrenmitgliedschaften – die der »Academy of Arts and Letters« und die des »National Institute of Arts and Letters« – anzunehmen. Seine amerikanische Verlegerin, Helen Wolff, Grande Dame der amerikanischen Literaturszene und bedeutende Förderin der deutschsprachigen zeitgenössischen Literatur, hatte aus diesem Anlaß eine Lesetour für ihn organisiert. In Begleitung einer jungen Amerikanerin, die kein einziges Buch von ihm gelesen hat, fährt er nach Toronto, Montreal, Boston, Cincinnati, Chicago und Washington. Alice Locke-Carey, über 30 Jahre jünger als Frisch, gibt das Vorbild für die Figur der Lynn, mit der der Erzähler ein Wochenende in Montauk verbringt, dem durch sein gleichnamiges Buch zumindest bei Frisch-Lesern berühmt gewordenen Städtchen an der äußersten Spitze Long Islands. ›Montauk‹ ist Frischs am deutlichsten autobiogaphisch geprägtes Werk. Der Erzähler berichtet nicht nur von seiner Affäre mit Lynn resp. Alice Locke-Carey, er sucht sich auch seines bisherigen »Lebens als Mann« erinnernd zu versichern. Bislang hatte Frisch derlei »Aufarbeitungen« immer in fiktionale Zusammenhänge transformiert, jetzt aber berichtet er selbst, und zwar ausschließlich von realen Ereignissen, dem ersten Liebesabenteuer etwa, seiner ersten Verlobten Käte Rubensohn, der Ehe mit Trudy

MY LIFE AS A MAN: manchmal meine ich sie zu verstehen, die Frauen, und im Anfang gefällt ihnen meine Erfindung, mein Entwurf zu ihrem Wesen … ich sehe sie nicht simpel, sondern voller Widersprüche … Natürlich habe ich nicht für jede Frau den gleichen Entwurf. Es läßt mir keine Ruhe, ich muß wissen, wen ich liebe.

*Mon, VI, 695*

Dies ist ein aufrichtiges Buch, Leser, es warnt dich schon beim Eintritt, dass ich mir darin kein anderes Ende vorgesetzt habe als ein häusliches und privates … Ich habe es dem persönlichen Gebrauch meiner Freunde und Angehörigen gewidmet, auf dass sie … darin einige Züge meiner Lebensart und meiner Gemütsverfassung wiederfinden … denn ich bin es, den ich darstelle. Meine Fehler wird man hier finden, so wie sie sind, und mein unbefangenes Wesen, so weit es nur die öffentliche Schicklichkeit erlaubt … So bin ich selber, Leser, der einzige Inhalt meines Buches; es ist nicht billig, dass du deine Musse auf einen so eitlen und geringfügigen Gegenstand verwendest … Montaigene … März 1580. *Vorrede, Mon, VI, 619*

Frisch-von Meyenburg, seiner Verbindung mit Ingeborg Bachmann und der Zeit mit Marianne Frisch-Oellers bis zum Frühjahr 1974.

In einem im Jahr 1972 aufgezeichneten Fernsehinterview erklärte Frisch angesichts der weitgehend auf das zweite ›Tagebuch‹ rekurrierenden Frage: »Wenn Sie die Wahl hätten zwischen einer Ehe, die als glücklich zu bezeichnen ist, und einer Inspiration, einer Intelligenz, einer Berufung usw., die das eheliche Glück möglicherweise gefährdet: was wäre Ihnen wichtiger? Und ändert sich dies mit zunehmendem Alter?«, er habe diese wahrscheinlich verbindlicher durch seinen Lebenslauf beantwortet. Ansonsten, »da möchte ich Rotlicht zeigen«! Einmal mehr erweist sich Frisch hier als Zensor in eigener Sache. Dies ist gerade dort, wo Autobiographisches so offenkundig wie in ›Montauk‹ ins Werk gesetzt wurde, unbedingt zu berücksichtigen. Daß Frisch einerseits die »Lust« an der Literarisierung eigener Erfahrungen kultivierte, andererseits aber auch geschickt deren Verhüllung betrieb, beweist vor allem anderen zunächst einmal, daß ihn in vielen Dingen, über das unmittelbar Persönliche hinaus, an erster Stelle deren literarische Fruchtbarkeit interessierte.

58 Alice Locke-Carey (geb. 1943) in Montauk (aufgenommen von Max Frisch)

# »Theater ist Auseinandersetzung mit einer Gesellschaft«

Biedermann und die Brandstifter‹ (1958), ›Andorra‹ (1961) und ›Biographie‹ (1967) markieren ein Jahrzehnt, das Frischs Durchbruch als Dramatiker von Weltrang ebenso wie seinen Rückzug vom Theater umfaßt. Anläßlich der Uraufführung von ›Biographie‹ hält Frisch dann resigniert im ›Tagebuch II‹ fest: »Stück aufgeführt, BIOGRAPHIE, EIN SPIEL, mit vierfachem Sieg der Bühne (Zürich, München, Frankfurt, Düsseldorf) über den Autor; er bestreitet die Fatalität, die Bühne bestätigt sie – spielend.« Erst weitere elf Jahre später wird Frisch sich, nun allerdings einem grundlegend modifizierten Theaterverständnis folgend, mit seinem Stück ›Triptychon‹ als Theaterautor zurückmelden.

Die Abfassung des innerhalb weniger Wochen (Oktober und November 1957) entstandenen ›Biedermann‹ ist jedoch noch überdeutlich von den materialen Möglichkeiten der Bühne geprägt. Nach dem Abschluß der Arbeit schickt er das Manuskript sofort seinem Freund und Verleger Peter Suhrkamp. Wichtig erscheint ihm, seine Haltung als Bühnenautor neu zu bestimmen: »Ich habe mir hier, während der Arbeit, ein genaues Bühnenmodell gebaut, was sich als anregend erwies ... Es hat für mich keinen Sinn mehr, Stücke am Schreibtisch zu machen und dann einem großen Regisseur zu überlassen; damit komme ich nicht weiter, lerne nichts hinzu.« (18. Dezember 1957, in: Schmitz 1987, 242)

Wie viele von Frischs Arbeiten der fünfziger Jahre beruht auch ›Biedermann und die Brandstifter‹ auf einem bereits im ›Tagebuch I‹ niedergelegten Entwurf. Frisch hatte die Prosaskizze damals bewußt in einen politischen Kontext gestellt. Äußerer An-

---

**Tschechoslowakei: Politik 1945–1948**

Der von vielen als Modell einer sozialistischen Demokratie begriffene politische Weg in der Tschecheslowakei scheitert.

20 Jahre nach der Übernahme der Macht durch die Kommunisten werden, unter den Vorzeichen des sogenannten Prager Frühlings, noch einmal politische Anstrengungen zur Demokratisierung des Landes unternommen. Doch so viele Beobachter im Westen die Abgrenzung nach Osten auch begrüßen, den Panzern und Soldaten der Sowjetarmee hat man hüben wie drüben nichts entgegenzusetzen.

laß war die Situation der Tschechoslowakei im Jahr 1948, als die Zwangsvereinigung der sozialdemokratischen mit der kommunistischen Partei am 27. Juni 1948 das Land in direkte Abhängigkeit von der Sowjetunion brachte. Frisch zeigt sich nicht nur enttäuscht vom Scheitern des sozialistischen Demokratiemodells, auch die diesbezüglichen Reaktionen in der Schweiz, insbesondere Äußerungen wie »das wäre bei uns ... nicht möglich«, erscheinen ihm als Ausdruck »allgemeinen Dünkels«.

In diesen zeitgeschichtlichen Zusammenhang stellt Frisch die haarsträubende Geschichte des Fabrikanten Jakob Biedermann. Dieser gewährt zwei augenscheinlich zwielichtigen Personen Unterschlupf in seinem Haus, obwohl er weiß, daß Brandstifter umherziehen und Vorsicht geboten ist. Das Unheil nimmt seinen Lauf, Biedermanns Haus wird von seinen »Gästen« in Brand gesetzt. Die als »Burleske« bezeichnete Skizze »spiegelt« die zeitpolitische Lage in der damaligen Tschechoslowakei, als auch dort deutliche Anzeichen der sich anbahnenden Katastrophe allgemein ignoriert wurden.

Was Frisch an diesem Stoff so ungemein interessiert, daß er die Geschichte mehrmals in unterschiedlichster Form literarisch gestaltet, ist die »unheilvolle« Befähigung des Menschen, mögliche Gefährdungen absichtsvoll aus seinem Horizont auszublenden. Zunächst entsteht Anfang 1950 im Auftrag von Radio Zürich ein Hörspiel, wobei Frisch allerdings über den Entwurf nicht hinaus kommt. Als ihm der Bayerische Rundfunk ein lukratives Honorar von 3000 DM für ein Hörspiel bietet (ein VW kostete damals 4600 DM, das monatliche Einkommen eines vergleichsweise gut verdienenden Arbeiters bei VW betrug 480 DM), erinnert sich Frisch an seine Vorarbeiten. Geschrieben zwischen Juli und November 1952, wird ›Herr Biedermann und die Brandstifter‹ am 26. März 1953 zum ersten Mal gesendet. Es handelte sich um eine »reine Auftragsarbeit, so eine richtige Geldverdienarbeit«, meint

---

Aufträge von seiten der **öffentlich-rechtlichen Hörfunkanstalten** stellten für viele Autoren eine wichtige Einnahmequelle dar. Der »**Hörspielpreis der Kriegsblinden**« (seit 1951), einer der renommiertesten Literaturpreise insbesondere in den fünfziger und sechziger Jahren (wenn auch ohne Preisgeld), wird bis heute jährlich verliehen und geht an Autoren deutschsprachiger Originalhörspiele. Preisträger waren u. a. Günter Eich (1952), Wolfgang Hildesheimer (1955), Friedrich Dürrenmatt (1957) und Ingeborg Bachmann (1959).

Frisch später. Der »Mann vom Hörfunk« habe ihn überhaupt erst auf die Idee gebracht, das Tagebuch einmal auf mögliche Hörspiel-Themen durchzusehen.

Anderthalb Jahre später – Frisch lebt seit Januar 1955 von seiner Familie getrennt in einer Mansarde in Männedorf – besucht ihn Friedrich Dürrenmatt (s. a. S. 122). Man spricht über ein mögliches gemeinsames Theaterprojekt: »Wir amüsierten uns«, so Frisch dazu in einem Interview, »mit der Idee, daß er, die gleichen Darsteller einsetzend, ein Gegenstück zu diesem Biedermann machen sollte ... wir blieben auf den Wegen stehen und schüttelten uns vor Lachen über seine Einfälle« (Programmheft des Züricher Schauspielhauses) – das Projekt wird jedoch nicht realisiert.

59 Frisch und Dürrenmatt am 1. November 1968 während der Schriftstellertagung in Rüschlikon bei Zürich

Erst als Frisch im Herbst 1957 aufgefordert wird, ein neues Stück für das Züricher Schauspielhaus zu schreiben, arbeitet er, einer Anregung seines Auftraggebers Kurt Hirschfeld folgend, das Hörspiel für die Bühne um. In wenigen Wochen sind die Arbeiten abgeschlossen, am 29. März 1958 findet unter der Regie von Oskar Wälterlin die Uraufführung statt. Auf Bertolt Brecht anspielend bezeichnet Frisch sein Stück – das er im übrigen auch noch 20 Jahre später für seine im handwerklichen Sinne »gelungenste« Arbeit hält – als »Lehrstück ohne Lehre«: »Sinnlos ist viel, und nichts / Sinnloser als diese Geschichte: / Die nämlich, einmal entfacht, / Tötete viele, ach, aber nicht alle / Und änderte gar nichts.« (IV, 388)

Mit dem Stück, einer Parabel, einem »Sinn-Spiel« also, verbindet Frisch bestimmte Absichten, ohne diese indes in einer

---

Der Einakter ›**Die große Wut des Philipp Hotz**‹ wurde direkt im Anschluß an die Premiere des ›Biedermann‹ in Zürich (29. März 1958) gegeben, um den Theaterabend auf die übliche Länge zu bringen. Der satirische »Schwank« zeigt die Bemühungen eines gewissen Dr. Philipp Hotz, sich und seine Frau Dorli davon zu überzeugen, daß er nicht nur ein Mann des Geistes, sondern auch der Tat ist. Er gibt einen Ehebruch vor, um seine Frau zur Scheidung zu provozieren. Anschließend will er zur Fremdenlegion. Als Dorli wider Erwarten die Scheidungsklage zurückzieht, ist »die große Wut« des Philipp Hotz perfekt.

**Von Beginn an ist das Verhältnis zwischen Frisch und Dürrenmatt** von Spannungen begleitet, die aus unterschiedlichen literarischen Vorstellungen und weltanschaulichen Differenzen resultieren. Frischs Bewunderung für die schriftstellerische Leistung des Kollegen blieb indes ungebrochen. Der in den späten vierziger und fünfziger Jahren gepflegte Kontakt, »das kollegiale Werkstattgespräch« (Peter Rüedi), entwickelt sich zur Freundschaft. Das Verhältnis kühlt sich allerdings bereits in den sechziger Jahren deutlich ab. Ohne daß ein entscheidender Anlaß für die zunehmende Entfremdung bekannt geworden wäre, woraus das Ende der Freundschaft verständlich würde, gerät der Dialog in den siebziger Jahren an sein Ende. Beide werden Zeit ihres Lebens als wichtigste Repräsentanten der schweizerischen Literatur gehandelt und zu beider Vergnügen im alltäglichen Leben auch immer wieder einmal miteinander verwechselt.

Die Dioskuren haben sich später, beide nicht immer frei von Zynismus und Bitterkeit, mit teils harscher Kritik bedacht. Dürrenmatts Äußerungen zu ›Andorra‹ (1961) etwa wecken bei Frisch arge Zweifel an der Freundschaft des Weggefährten. Daß sich Dürrenmatt gar als beratendes Mitglied des Verwaltungsrats der Zürcher Schauspiel AG engagierte, mochte Frisch nicht akzeptieren. Ihren unmittelbaren Niederschlag fanden dergleichen Unstimmigkeiten nicht zuletzt in manchen »Entgleisungen« Frischs bei mehr oder weniger privaten Zusammenkünften. Während sich im zweiten Tagebuch eine durchaus wohlwollende Portraitskizze des Kollegen findet (VI, 232f.), gab Frisch in seinem Alterswerk ›Blaubart‹ mit seiner Parodie auf Dürrenmatt eine hoch ironisch angelegte Bewertung des Kollegen zum Besten (vgl. VII, 359ff.). Es dürfte Frisch klar gewesen sein, daß dies einer erneuten Annäherung kaum förderlich war. Dennoch kommt es anläßlich von Frischs 75. Geburtstag zu einer Art Versöhnungsangebot von seiten Dürrenmatts. Sein Brief vom 11. Mai 1986 gilt als »eines der großen literarhistorischen Dokumente dieses Jahrhunderts« (H. Mayer) und erweist sich als bedeutsames, nachdenklich stimmendes Zeugnis zum Verhältnis zweier sehr empfindsamer und empfindlicher Autoren, die offenbar ebenso vieles voneinander trennte wie miteinander verband. Dürrenmatt schreibt: »Lieber Max … es war für Dich einst ein Problem, dass ich zehn Jahre jünger bin als Du. Das spielt jetzt keine Rolle. Unserer beider Rutschbahn, im Nichts endend, die wir noch hinunterzuschlittern haben, ist ungefähr gleich lang … Ich habe dich in Vielem bewundert, Du hast mich in Vielem verwundert und verwundet haben wir uns auch gegenseitig. Jedem seine Narben …« Der Brief blieb unbeantwortet. Dürrenmatt starb am 14. Dezember 1990, wenige Monate vor Frischs Tod am 4. April 1991.

60 Der Pfarrerssohn Friedrich Dürrenmatt (1921–1990) studierte Theologie, Philosophie und Germanistik. Im Gegensatz zu Frisch sah Dürrenmatt die Zukunft des Theaters v. a. in der grotesken Komödie. ›Der Besuch der alten Dame‹ (1956) war sein erster Welterfolg auf dem Theater, 1962 folgten ›Die Physiker‹. Weitere Werke (Prosa): ›Der Richter und sein Henker‹ (1952), ›Die Panne‹ (1956) u. v. a.

belehrenden Art und Weise dem Zuschauer aufzuzwingen. Zu seinem Leidwesen erhielt er allerdings von einer Seite Beifall, der er sich nicht zurechnete: Die »Zürcher Biedermänner« begriffen das Stück lediglich als Warnung vor dem Kommunismus. Ein entsprechend akzentuiertes »Nachspiel«, von ihm selbst eingerichtet für die deutsche Erstaufführung in Frankfurt am 28. September 1958, führte dann dazu, daß man das Stück weithin nur als Verweis auf nationalsozialistische Gefahren auffaßte. Frisch distanzierte sich von diesem »Nachspiel«, es fand zwar noch Aufnahme u.a. in die erste Buchausgabe, durfte aber später nicht mehr aufgeführt werden. Im übrigen verwunderten ihn die unmittelbaren zeitgeschichtlichen Zuschreibungen, nichts lag ihm ferner als ein tagespolitisches Statement. Frisch sah seine »Aufgabe als Schreiber für durchaus erfüllt, wenn es einem Stück jemals gelänge, eine Frage dermaßen zu stellen, daß die Zuschauer von dieser Stunde an ohne eine Antwort nicht mehr leben können – ohne ihre Antwort ..., die sie nur mit dem Leben selber geben können.« (Tgb I, II, 467). Nicht weniger als in seinen Romanen war ihm auch in seinen Stücken daran gelegen, dem Zuschauer keine Welterklärungsmodelle an die Hand zu geben. Frischs Theaterverständnis ist insofern »modern«, als der Zuschauer unmißverständlich zur Stellungnahme aufgefordert, ja provoziert wird. Der Leser fungiert also seinen Vorstellungen nach als kritisches

61 Mit Oskar Wälterlin, dem Regisseur des Stücks ›Biedermann und die Brandstifter‹, während der Proben 1958

Gegenüber des Autors: In seinen nicht zuletzt von den Erfahrungen mit ›Biedermann‹ geprägten Überlegungen (anläßlich der von ihm gehaltenen Eröffnungsrede zur Frankfurter Buchmesse, 24. September 1958) bringt Frisch in diesem Zusammenhang einen neuen Aspekt ins Spiel: »Öffentlichkeit als Partner«.

Sechs Wochen später, am 8. November 1958, nutzt er die Gelegenheit, seine diesbezügliche Auffassung zu verdeutlichen. In seiner Rede aus Anlaß der Verleihung des Georg-Büchner-Preises – bis heute der bedeutendste Preis für deutschsprachige Literatur überhaupt – stellt er sich als »Dichter aus politischem Engagement« in die Tradition Büchners. Frisch erläutert, was ihn mit Büchner verbindet: »ein individuelles Engagement an die Wahrhaftigkeit, der Versuch, Kunst zu machen, die nicht national und nicht international, sondern mehr ist, nämlich ein immer wieder zu leistender Bann gegen die Abstraktion, gegen die Ideologie und ihre tödlichen Fronten«. (IV, 243)

Auch im nächsten Theaterstück – ›Andorra‹ – greift er diesen Gedanken in höchst anschaulicher Weise auf. Bei Frischs erfolgreichstem und neben ›Biedermann‹ bekanntestem Stück handelt es sich wiederum um eine Parabel. Der gesellschaftspolitische Kontext ist offenkundig: Es geht um Diskriminierung und die daraus resultierenden Folgen. Im Mittelpunkt steht die Figur Andris. Er gilt als Jude und wird deshalb als der Gemeinschaft nicht wirklich zugehörig angesehen. In Wahrheit aber ist der junge Mann nicht, wie stets behauptet, das Opfer eines Pogroms, sondern ein unehelich geborenes Kind des vermeintlichen Wohltäters Can. Im Verlauf der Handlung wird Andri ermordet, seine leibliche Mutter erschlagen, und der Vater begeht Selbstmord, während Andris Halbschwester (einzige Figur des Stücks, die aufrichtig zu Andri steht) dem Wahnsinn verfällt.

Um mögliche politische Mißverständnisse von vornherein auszuschließen, heißt es in einer Vorbemerkung: »Das Andorra die-

**Aus der Büchner-Preis-Rede:** Alles Lebendige hat es in sich, Widerspruch zu sein, es zersetzt die Ideologie, und wir brauchen uns infolgedessen nicht zu schämen, wenn man uns vorwirft, unsere Schriftstellerei sei zersetzend. Wir brauchen's nicht an die große Glocke zu hängen; aber das ist ja unser Engagement! Was die Zeitungen, im Auftrag der Macht, täglich in schlachtbereite Fronten bringen, wir zersetzen es mit jeder echten Darstellung einer Kreatur. Indem wir keine Stellung nehmen (so sagt man doch?) zu Alternativen, die keine sind, haben wir durchaus eine Wirkung. *IV, 236*

ses Stücks hat nichts zu tun mit dem wirklichen Kleinstaat dieses Namens, gemeint ist auch nicht ein andrer wirklicher Kleinstaat; Andorra ist der Name für ein Modell.« Fünf Mal schrieb Frisch ›Andorra‹ um, insgesamt arbeitete er drei Jahre an dem Stück. Schon im ›Tagebuch 1946–1949‹ hatte er die Sentenz »Du sollst dir kein Bildnis machen« näher thematisiert. Doch »erst nach Jahren, nachdem ich die erwähnte Tagebuchskizze mehrere Male vorgelesen hatte, entdeckte ich, daß das ein großer Stoff ist, so groß, daß er mir Angst machte, Lust und Angst zugleich – vor allem aber ... sah ich , daß dieser Stoff *mein* Stoff ist« (GmB, 28). Noch während der Proben kommt es zu zahlreichen Änderungen, bis Frisch endlich von seinem Stück bzw. der von ihm in beratender Weise begleiteten Inszenierung überzeugt ist.

Frisch intendierte mit dieser Arbeit »Aufklärung« im besten Sinne des Wortes: ›Andorra‹ sei »für viele Zuschauer ..., wenn auch ein Anfängerkurs, aber doch ein Kurs gewesen in der Beschäftigung mit dem Phänomen Vorurteil, Massenvorurteil«. (GmA, 37)

Direkt im Anschluß an den großen Premierenerfolg (2., 3., 4. November 1961) indes übte Friedrich Dürrenmatt Kritik an dem Stück – und zwar, so Frisch, in äußerst unpassender Weise. Das »infantile Verhalten Dürrenmatts«, so der Autor gegenüber Kurt Hirschfeld, dem Regisseur des Stücks, verletzte

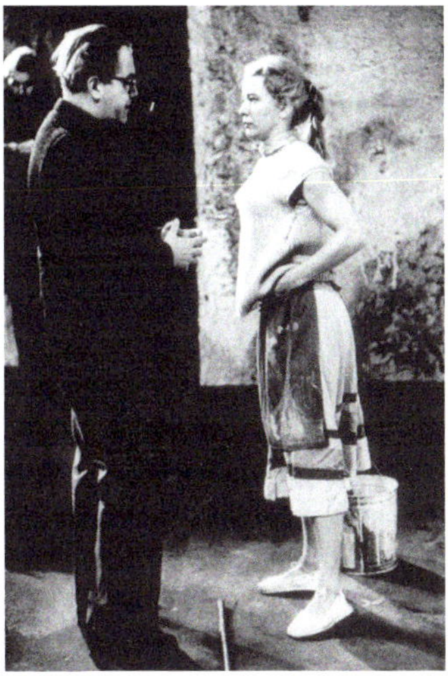

62 Max Frisch und Kathrin Schmid (Barblin). Proben zu ›Andorra‹

**Über die Bedeutung der Probenarbeit:** Es gibt ja doch Augenblicke, da Theater mich bestürzt wie nichts anderes, so, daß man nichts anderes möchte als Theater und begreift, warum man es immer wieder versucht hat und versucht. Das geschieht bei Proben ... Da, mindestens für Augenblicke, geschieht etwas ... etwas Einmaliges. Sagen wir: *Happening*. Da entsteht etwas, Wirklichkeit von innen, indem Spiel triumphiert über alle Wirklichkeit außen, die uns durch Undurchschaubarkeit bedrängt.

*Schillerpreis-Rede (1965), V, 366*

ihn tief. In das weithin überwältigende Lob auf seiten der Presse und vieler Zuschauer mischten sich von Anfang an aber auch weitere kritische Stimmen. Friedrich Torberg (1908–1979) etwa, in die USA emigrierter namhafter Publizist und Autor und nach seiner Rückkehr Herausgeber der kulturpolitischen Zeitschrift ›Forum‹, äußerte grundsätzliche Bedenken im Hinblick auf die »Modellsituation«: Juden »sind keine Modelle, sie sind keine austauschbaren Objekte beliebiger (und ihrerseits austauschbarer) Vorurteile, wie ja auch der Antisemitismus kein beliebiges (und seinerseits austauschbares) Vorurteil ist«.

In den USA kam es im Frühjahr 1963 (Premiere am Broadway am 9. Februar 1963; lediglich einige wenige Aufführungen) zu einer teils heftigen Diskussion, nicht frei von aggressiven Untertönen. Man unterstellte Frisch beispielsweise, antisemitische Propaganda zu betreiben. Frischs dramatische Behandlung des Themas, die Praxis des Vorurteils ausgerechnet am Beispiel eines fälschlicherweise für einen Juden Gehaltenen zu exemplifizieren, bedeutete in der Tat »hinter die Geschichte« zu greifen, um allgemeine, über den Tag hinaus tragfähige Erklärungen zu finden. Daß dies auf jüdischer Seite als Nivellierung des historischen Geschehens verstanden werden konnte, läßt sich nachvollziehen, den Absichten Frischs allerdings vermag eine solche Lesart, vor allem mit genauem Blick auf ›Andorra‹, nicht zu genügen.

Viele Deutsche begrüßten das Stück, wurde darin doch gezeigt, daß nicht nur sie zu Untaten befähigt seien. Daß mit ›Andorra‹ eigene Schuld in den Blick zu nehmen gewesen wäre, unterschlug man im Verweis auf die potentielle Schuld anderer. Wie ›Biedermann‹ – gegen jede damit verbundene Absicht – letztlich jenem Bürgertum in die Hände spielte, das zu kritisieren Frisch angetreten war, instrumentalisierte man (nicht zuletzt in der Schweiz) ›Andorra‹ – im fälschlichen Glauben, fremdes Unrecht wiege eigene Schuld auf.

**Frisch selbst erklärte angesichts der interpretatorischen Mißverständnisse im Zusammenhang mit ›Andorra‹:** Das Stück ist ja selber nicht unschuldig daran; es gibt sich zu einsinnig – aus einer Not, die mir viel Arbeit verursacht hat: die Fabel trägt sich selber nicht genug (im Gegensatz zum BIEDERMANN-Stück, das dadurch offener bleibt) und kommt daher ohne penetrante »Sinngebung« nicht aus; sie stützt sich auf das verdammte Quod erat demonstrandum.«

*Brief an den Literaturwissenschaftler Peter Pütz, 26. Dezember 1975 (Privatbesitz)*

Angesichts der auch mit diesem Stück einhergehenden Mißverständnisse entschied sich Frisch zu grundlegenden Modifikationen seiner Arbeit als Dramatiker. Dazu gehörte zunächst die Abkehr von der Parabel: »Ich habe einfach festgestellt, daß ich durch die Form der Parabel mich nötigen lasse, eine Botschaft zu verabreichen, die ich eigentlich nicht habe.« (GmA, 35)

Zunehmendes Unbehagen an der gängigen Theaterpraxis und davon geprägte dramentheoretische Einsichten bestimmen das folgende Stück ›Biographie. Ein Spiel‹. Frisch versucht hier zu realisieren, was er in seiner Schillerpreis-Rede (1965) als »Dramaturgie der Permutation« bezeichnet hatte. Gemeint ist damit jene etwa im ›Gantenbein‹ erprobte Methode, bestimmte Grundkonstellationen im Hinblick auf darin beschlossene Möglichkeiten zu erkunden. Daß man weiterhin dem überkommenen Verständnis klassischer Dramaturgie folgt und demnach Handlungsschemata mehr oder weniger monokausal organisiert, weckt Frischs Unbehagen. Vielmehr »sehen wir, wo immer Leben sich abspielt, etwas viel Aufregenderes: es summiert sich aus Handlungen, die oft zufällig sind, und es hätte immer auch anders sein können« (V, 367). Dabei geht es ihm aber nicht um eine Ästhetik des bloßen Zufalls. Sein Anspruch ist grundlegend: Er möchte »eine Dramaturgie des Unglaubens« ins Werk setzen, darauf bauend, daß derart »das Gespielte … einen Hang zum Sinn [erhält], den das Gelebte nicht hat«. (V, 368)

›Biographie. Ein Spiel‹ führt ein auf diesen Einsichten gründendes Geschehen in voneinander differierenden Versionen vor Augen. Hannes Kürmann, erfolgreicher Verhaltensforscher, erhält die Möglichkeit, sein Leben noch einmal – anders – zu führen. Obgleich ihm von seiten eines sogenannten Registrators ›Hilfe‹ zuteil wird, vermag er in den existenziellen Situationen keine grundlegend andere Entscheidungen zu treffen. Kürmann kann zwar sein Verhalten modifizieren, nicht aber sich selbst.

---

Das Theater der sechziger Jahre erfuhr durch eine Reihe z. T. jüngerer Autoren bzw. deren dezidiert politisch ausgerichtete Werke entscheidende neue Impulse. Rolf Hochhuths ›Der Stellvertreter‹ (1963), eine »Abrechnung« mit dem Verhalten der katholischen Kirche im Hinblick auf den Holocaust, und Peter Weiss' ›Die Ermittlung‹ (1965), der Versuch einer szenischen Umsetzung der Verhöre im Rahmen des Frankfurter Auschwitz-Prozesses sind hier richtungweisend geworden. Auch Heinar Kipphardt, Tankred Dorst und Peter Handke suchten neue Wege für ein ebenso zeitkritisches wie politisch Position beziehendes Theater.

Dem sich aufdrängenden Verdacht, hier werde eine Auffassung vertreten, derzufolge so oder so nichts zu ändern ist, tritt Frisch in einem Briefwechsel mit dem Freund und Kollegen Walter Höllerer entgegen. Demnach gilt: »Varianten eines Vorgangs zeigen mehr als der Vorgang in seiner definitiven Version, Auffächerung der Möglichkeiten« (DBmH, 16). Frisch hängt also keineswegs einer fatalistischen Weltsicht an. Vielmehr plädiert er – allerdings in kritischer Weise – dafür, alle Möglichkeiten zu ergreifen, die eine Wende verheißen. Die Erkenntnis, daß »alles auch anders hätte verlaufen können«, bedeutet demnach, sich also dessen bewußt zu werden, was im Zweifelsfall als unüberwindliche Begrenzung ins Spiel geraten kann.

Während es ihm mit dem Roman ›Gantenbein‹ geglückt war, diese Thematik literarisch umzusetzen, vermag er mit seinem von ähnlichen Ansätzen her konzipierten Bühnenwerk weder das Publikum noch die Kritik zu überzeugen. Angesichts der banalen Biographie Kürmanns scheint vielen klärungsbedürftig, was Frisch mit seinem Stück eigentlich zu vermitteln sucht: »Kann man nicht Schicksale imaginieren«, fragt beispielsweise Hans Heinz Holz, »die wichtiger sind, als die Lebenslüge eines ichbezogenen Professors, und in denen mehr Wahl, Möglichkeit, auch Zufall auftauchen mögen?« Die im Sommer 1967 aufgenommene Probenarbeit – unter der Regie von Rudolf Noelte – endet im Eklat. Die für den 7. Oktober 1967 angekündigte Premiere wird eine Woche zuvor von Frisch abgesagt; über eine Vielzahl von Änderungen, Streichungen und Ergänzungen des Regisseurs können sich Frisch und Noelte nicht ins Einvernehmen setzen. Schließlich hat gar der Bundesgerichtshof in Karlsruhe zu entscheiden, ob bzw. inwieweit die von Noelte geltend gemachte Mitautorenschaft berechtigt sei – das Gericht entschied gegen Noelte. Doch stellte auch die sodann unter Leopold Lindtberg realisierte Deutung des »Möglichkeitentheaters«

---

Im **Briefwechsel mit Walter Höllerer über »Dramaturgisches«** versuchte Frisch, Entwicklungen hinsichtlich seiner Auffassungen über das Theater zu erläutern. Dabei ging es nicht nur um die Erhellung klärungsbedürftig erscheinender Begriffe wie »Dramaturgie der Permutation«, sondern auch um Grundsätzliches. So schreibt Frisch etwa: »VIERTENS bin ich Egomane, ich schreibe nicht, um zu lehren, sondern um meine Verfassung auszukundschaften durch Darstellung – meine Verfassung: meinen Zweifel an was?« (›Dramaturgisches. Ein Briefwechsel mit Walter Höllerer‹, 1968, 19)

keineswegs zufrieden. Dem Freund Walter Höllerer bekennt Frisch: »Ich war bei der Arbeit konsterniert: Das wird ja genau, was ich nicht wahrhaben will, ein Schicksalslauf! ... die meisten Zuschauer ... applaudierten der biederen Einsicht: Wir können ja doch an unsrer Biographie eigentlich nichts ändern.« (DBmH, 28) Augenscheinlich war das Stück seiner Konzeption nach nicht geeignet, die Hoffnungen seines Autors zu erfüllen. Im Ergebnis führt dies dazu, daß sich Frisch fürs erste von der Bühne zurückzieht.

63 Walter Höllerer mit Sohn Florian und Max Frisch mit Katze Nina, Berzona 1968. Dem Freund Kurt Hirschfeld hatte Frisch anläßlich der Geburt von dessen Sohn 1951 geschrieben: »Ohne Kind kennt man nur die Hälfte unsrer wunderlichen condition humaine.« (›Sehenszeit‹, 115)

Frisch verdeutlichte Dieter E. Zimmer 1967 in einem Interview seinen in ›Biographie‹ eingenommenen Standpunkt. Gegen die politische Haltung vieler Autoren in diesen Jahren setzt er provokativ den Begriff der »Reprivatisierung«. Auf Zimmers Frage: »Was bleibt Ihrer Meinung nach die Domäne der Literatur?« antwortet Frisch: »Die Domäne der Literatur? Fast wage ich zu sagen: das Private. Was die Soziologie nicht erfaßt, was die Biologie nicht erfaßt: das Einzelwesen, das Ich, nicht mein Ich, aber ein Ich, eine Person, die die Welt erfährt als Ich, die stirbt als Ich, die Person in allen ihren biologischen und gesellschaftlichen Bedingtheiten.«

# Exkurs: Alltag

Als der namhafte deutsche Fotograf Robert Lebeck in den siebziger Jahren Frisch einmal in seinem Tessiner Haus in Berzona aufsucht, erhält er sogleich bei der Ankunft genaue Anweisungen, wie sich der Schriftsteller auf gar keinen Fall ins Bild gesetzt sehen will: »Keine Bilder vom Haus und keine Bilder von meiner Frau en face! Drittens keine von mir mit der Pfeife im Mund, und viertens verlange ich, daß diese Photos, bevor sie gedruckt werden, mir vorgelegt werden.« Frisch pflegt seine Abneigung gegen eine Öffentlichkeit, von der er – wohl nicht zu Unrecht – vermutet, sie wolle zunächst nichts anderes als ihre Klischees über Schriftsteller bestätigt sehen.

Soweit es seine Privatsphäre betrifft, gilt allerdings, wie er dem Schriftstellerkollegen Gerhard Roth gegenüber bekannte: »Ich rede 17 mal rationaler, als ich handle. Das ödet mich an.« Von daher erklärt sich, daß Frisch, wiewohl er seinen »Alltag« durch mehr oder minder diszipliniert eingehaltene Arbeitszeiten »organisiert«, nicht mit sklavischer Strenge ein bestimmtes Pensum absolvieren muß, um mit sich im Einklang zu stehen. Der Spontaneität wird durchaus Platz eingeräumt.

Im allgemeinen betreibt er die konkrete schriftstellerische Arbeit im Rückgriff auf immer wiederkehrende Abläufe, darin einem Handwerker vergleichbar, wie er in verschiedenen Interviews bekannte. Wenn irgend möglich, legt er vorab fest, wann bzw. wie lange gearbeitet werden soll. In jungen Jahren geschieht dies häufig auch in der Nacht, später dann gewinnt die Zeit zwischen 7 Uhr morgens und mittags besondere Bedeutung. Nur nach einer »wüsten

Ich brauche den Morgen, den Morgen, bevor ich Menschen begegnet bin, bevor ich mit Menschen geredet habe ..., also ... auch mit dem Hintergrund des Schreckens der Träume oder des Ausgeruhtseins. Das ist einfach der nüchternste Zustand und der Zustand, wo ich am meisten Mut habe ... *GmA*, 72

Nacht«, das heißt nach allzu heftigem Alkoholgenuß, geht er nicht frühmorgens an die Arbeit.

Nicht zuletzt des Ausgleichs wegen schätzt er körperliche Bewegung: Wanderungen, nicht selten durch ein Picknick ergänzt, zu dem selbstredend die womöglich in einem Bach gekühlte Weinflasche gehört, längere, mitunter auch strapaziöse Bergtouren, Schwimmen, Skifahren, Segeln oder Tischtennis. Auf der eigens angelegten Boccia-Bahn auf seinem Grundstück in Berzona verfällt er zuweilen in einen regelrechten Spielrausch, wobei dann auch schon einmal bis fünf Uhr morgens gespielt wurde, wie sich Marianne Frisch erinnert.

Im übrigen hegt Frisch eine unverfälschte, geradezu elementare Liebe zur Natur; er begeistert sich für das Meer ebenso wie für die Berge. Unter freiem Himmel zu essen, zum Beispiel über offenem Feuer gebratene Forellen, gilt ihm als Ausdruck eines »authentischen«, tendenziell naturnahen Lebens. Während sich die Aufenthalte im Tessin durch derlei ›Reminiszenzen‹ an unwiederbringlich Verlorenes auszeichneten, hatte er den offenen Kamin in seiner Küsnachter Wohnung mit Büchern und einem Fernseher zugestellt. Niemand sollte auf die Idee kommen, ihn hier – am falschen Ort – zu benutzen. Im Tessin hingegen bewies er geradezu einen Hang zum Pyromanischen, meint Marianne Frisch. Und kaum etwas sagt ihm mehr zu, als mit Freunden wie Günter Grass, Peter Bichsel oder Jürg Federspiel lange Nächte am offenen Feuer zu sitzen.

Elementar im weitesten Sinne waren auch Frischs Vorlieben bei Essen und Trinken. Einfache Gerichte in der Tradition jener rustikalen schweizerischen Küche, wie er sie bei seiner Mutter kennengelernt hatte (z. B. Geschnetzeltes und Rösti), zog er allemal den Kreationen der hohen Küche vor. Die Weine der jeweiligen Region, im Tessin etwa der dort angebaute Merlot, bestimmen hier eher das Bild als edle Jahrgangsweine, wie sie

linke Seite: 64 Beim Schreiben in seinem Arbeitszimmer in Berzona

65 Fernand Rausser, Max Frisch beim Abtrocknen

bekanntermaßen Friedrich Dürrenmatt präferierte. Doch wußte er sehr wohl zu schätzen, wenn Dürrenmatt dem Freund – beide sprachen im übrigen ausschließlich Schwyzerdütsch miteinander – einen seiner kostbaren Bordeauxweine anbot.

Auch in seiner Kleidung bevorzugt Frisch einfache, funktionale Stücke. Snobistische Attitüden sind ihm verhaßt, wenngleich er durchaus gewissen »Moden« folgt. Mit Cordjacketts etwa entspricht er den üblichen Gepflogenheiten der Intellektuellen- bzw. Künstlerszene in den späten sechziger Jahren. Mitte der siebziger bis in die achtziger Jahre hinein sieht man ihn, ganz im Trend der Zeit, häufig in schwarzer Lederjacke.

An der eigenen Erscheinung mißfielen Frisch besonders die seit Kindertagen gelähmten Augenlider. Dieses Manko verlieh ihm seiner Überzeugung nach einen »Zug zum Trübsinn«, gerade so »als sei der Blick stets gesenkt: mißtrauisch, spöttisch« und verleitete, wie er glaubte, viele dazu, ihn für arrogant zu halten. Man mag Paul Nizons diesbezügliche Schilderung des einstigen Förderers und Freundes für despektierlich halten – soweit sie aufrichtig ist, hat damit ihr Verfasser offenkundig den Grundsätzen Frischs durchaus seinen Respekt erwiesen: »Er hat diese Lidlähmung, und das gibt ihm diesen Chinesenblick. Er findet sich zutiefst unschön. Frisch und die Pfeife, an der er suggelt, während er rasch denkt und zwar das nächste Argument, die nächste Handlung, Geste denkt, währenddem suggelt und schlürft er schnell und geräuschvoll mehrmals hintereinander an der ihn schützenden großknolligen Pfeife, es ist Eifer, Spiel- und Worteifer, Jagdeifer … Er hat auch einen ganz leichten Sprachfehler, die Riesenpupillen schauen aufwärts wie blinde oder tote Fische. Aufwärts nach einem Zu-fallen (des Einfalls).«

Bei allen Vermutungen, dass es gesund sein könnte, Schwimmen, Tischtennisspielen, Spazieren und Wandern … – mit Sport hatte es nie zu tun, viel mehr mit Clownerie … Seine Ankündigung: »Ich geh' jetzt schwimmen« war wie die Ankündigung eines Bubenstreichs. Er fand nicht statt, der Streich – oder selten –, aber er kriegte sein Lausbubengesicht dabei. Schwimmen war das andere, New York war das andere und Berlin. Ich habe New York durch ihn kennengelernt, und an nichts erinnert mich New York so sehr wie an ihn. Nicht was er dabei erklärte, war wichtig – es war nur wichtig, den richtigen Weg zu gehen. *Peter Bichsel, in: du. Max Frisch (1991), 60*

# »Die Schweiz als Heimat?«

Frischs Verhältnis zur Schweiz hat sich über die Jahre hinweg als höchst ambivalent erwiesen. So führt er einerseits eine kritische, andererseits aber doch immer patriotisch motivierte Auseinandersetzung mit seiner Heimat bzw. seinen Landsleuten. Während er sein politisches Selbstverständnis in einer Art und Weise darzulegen versucht, die sich zwar Ironie gestattet, aber Diffamierungen vermeidet, reagieren manche seiner Gegner in mitunter verletzender Form. In diesem Zusammenhang sind die vielen mehr oder minder langen Auslandsaufenthalte, die sein Leben in der Schweiz immer wieder unterbrechen, von entscheidender Bedeutung. Denn es ist nicht zuletzt die räumliche Distanz, die ihn zu mancherlei Einsichten inspiriert. Daß Frisch dabei weder von Haß noch von Ekel und Zynismus umgetrieben wird, wie dies etwa für Thomas Bernhard und Peter Handke im Hinblick auf deren Heimat Österreich zumindest teilweise gilt, ist charakteristisch. Seiner Haltung bleibt, trotz wachsender Resignation und vielfältiger Enttäuschungen, ein letztlich »konstruktives« Moment eingeschrieben.

In formaler wie inhaltlicher Hinsicht steht Frisch mit seinen entsprechenden Arbeiten in der Tradition der Aufklärung, wobei er dem ideologiekritischen Denken die wohl wichtigsten Impulse verdankt. Frisch ist davon überzeugt, daß die Menschen selbst ebensowenig wie die von ihnen geschaffenen Zustände für alle Zeiten fixiert sind. Er setzt vielmehr auf Veränderung und hofft dabei stets auf die Wende zum Besseren. Über alle Zweifel hinweg – wie etwa in seiner berühmten Solothurner Rede ›Am Ende der Aufklärung steht das Goldene Kalb‹ aus dem

Aufklärung heute ist Revolte gegen den Aberglauben in die Technologie, die den Menschen antiquiert ... und zur Ohnmacht gegenüber der Technologie führt. Das alles wäre Alarm genug, aber als Alarm nicht wirksam in einer Gesellschaft, die darauf besteht: Vernünftig ist, was rentiert. Ja, vieles ist schiefgelaufen! Am Ende der Aufklärung also steht nicht, wie Kant und die Aufklärer alle hofften, der mündige Mensch, sondern das Goldene Kalb, bekannt schon aus dem Alten Testament – Wie geht's weiter?

*›Am Ende der Aufklärung steht das Goldene Kalb‹ (1986), in: SchaH, 465*

Jahr 1986 – setzt Frisch darauf, durch kritische, bisweilen auch provozierende Hinweise mit dazu beizutragen, für die Zukunft »menschliche« Verhältnisse heraufzuführen. Dieser Maxime bleibt er sein Leben lang treu, wie noch seine letzten literarischen Arbeiten, ›Schweiz ohne Armee? Ein Palaver‹ (1989) und die entsprechende Bühnenfassung ›Jonas und sein Veteran‹ (1989), belegen, deren Niederschrift auf die politische Kontroverse über die mögliche Abschaffung der schweizerischen Armee zurückgeht. Daß Frisch seit seiner Teilnahme am »Congrès Mondial …« im Jahr 1948 von Schweizer Behörden bespitzelt und ein umfangreiches Dossier über ihn angelegt wurde – man hörte womöglich sogar sein Telefon ab –, erfuhr er allerdings erst 1989.

Frischs Meinungen, Einstellungen und Überzeugungen werden zunächst einmal von den sozialen Verhältnissen und politischen Ereignissen zur Zeit seiner Kindheit und Jugend geprägt. Seine kleinbürgerliche Herkunft, eine politisch naive Sichtweise auf Literatur bzw. Dichtkunst, die Förderung durch konservative Lehrer und Mentoren bildeten den Horizont, von dessen Prämissen er sich erst im Zuge des Zweiten Weltkriegs allmählich zu emanzipieren vermochte, um schließlich in souveräner, eigenständiger Weise Kritikfähigkeit und politische Selbständigkeit zu beweisen. Frisch »erringt« seine Mündigkeit – im politischen wie auch im künstlerischen Sinne – in beständiger Auseinandersetzung mit seinem privaten und beruflichen Umfeld (man denke etwa an seine Tätigkeit für das Züricher Schauspielhaus oder die Kontakte zu Bertolt Brecht). Doch bleibt er stets nur sich selbst verpflichtet, avanciert also niemals zum Kopf einer entsprechenden Bewegung. Frisch bleibt zeitlebens ein Einzelkämpfer, der sich, wiewohl mitunter eher zögernd und bedächtig, eine gleichermaßen dezidierte wie differenzierte Weltsicht erarbeitet. Im Mittelpunkt seiner Aufmerksamkeit steht der einzelne. Bildet

**Fichen-Affäre**: Unzählige Akten (Fichen = Schwyzerdütsch für Karteikarten) in den Kellern von Justiz- und Polizeiministerium, das Ergebnis der Bespitzelung von ca. 900 000 Personen, führten zu einem der größten Skandale in der Schweizer Nachkriegsgeschichte. Selbstredend waren auch Dürrenmatt, Bichsel und Frisch von Spezialagenten der Bundespolizei »überwacht« worden Vor diesem Hintergrund erklärt sich auch Frischs Weigerung, anläßlich der 700-Jahr-Feierlichkeiten 1991 eine Rede zu halten: Die Schweiz sei ein »verluderter Staat«, so lautete sein düsteres Urteil. »Mit der Jubelfeier dieser Leute habe ich nichts zu tun.«

67 Otto Dix, Max Frisch, 1967

hier zunächst die Stellung des Individuums im Geflecht diverser gesellschaftlicher Aspekte den Schwerpunkt der literarisch bzw. publizistisch niedergelegten Reflexionen (wie sie etwa in seinem Stück ›Graf Öderland‹ und im ›Stiller‹ zum Ausdruck kommen), gewinnt in späteren Arbeiten eine gewissermaßen an biographischen Brüchen orientierte Sichtweise Bedeutung (›Mein Name sei Gantenbein‹, ›Biographie. Ein Spiel‹). Diese Tendenz findet im Spätwerk schließlich ihren Höhepunkt (›Holozän‹, ›Blaubart‹). Im übrigen dokumentieren die beiden richtungweisenden Tagebücher (erschienen 1950 und 1972), daß er in spannungsreicher Weise darüber hinaus immer auch als explizit politischer Zeitgenosse zu agieren vermochte, wenngleich er der literarisierenden Darstellung seiner politischen Überzeugungen allmählich deutlich weniger Bedeutung beimaß. Diese Entwicklung verdankte sich letztlich dem Umstand, daß er im Verlauf seines Lebens mehr und mehr zur Einsicht gelangte, eine unmittelbare Wirkung von Literatur anzunehmen sei illusorisch.

Während Frisch in seiner literarischen Arbeit das ursächlich Private in den Vordergrund stellt, publiziert er zugleich verstärkt zeitkritische Artikel, Essays und Reden – nur ein Teil davon wurde in die ›Gesammelten Werke‹ aus dem Jahr 1976 aufgenommen – und wird dadurch auch einem breiteren Publikum

**Wichtige Frisch-Reden und Stellungnahmen 1965–1974 (Auswahl)**

›Unbewältigte schweizerische Vergangenheit‹ (1965)
›Jerusalempreis-Rede‹ (1965)
›Schillerpreis-Rede‹ (1965)
›Überfremdung I/II‹ (1965/1966)
›Endlich darf man es wieder sagen‹ (1966, zu Emil Staiger)
›Boykott. In Sachen Konrad Farner‹ (1967)
›Zurück zum Kalten Krieg‹ (1968)
›Rede nach der Besetzung der Tschechoslowakei‹ (1968)
›So wie jetzt, geht es nicht‹ (1971)
›Die Schweiz als Heimat?‹ (1974)
Offener Brief an den Schweizerischen Bundesrat (1974)

68 Grass und Frisch, während des Parteitages der SPD 1977

bekannt. Er nimmt Stellung zum Kalten Krieg, zum Einmarsch der Sowjettruppen in die Tschechoslowakei, zur Schweizer Asylpolitik, zur Gastarbeiterproblematik und zu Überfremdungsängsten. Willy Brandt und Helmut Schmidt gelten ihm als bedeutsame politische Persönlichkeiten, deren Absichten er Sympathie entgegenbringt. Letzteren begleitet der als linksintellektuell geltende Frisch etwa auf dessen China-Reise im Jahr 1975; aus seiner persönlichen Wertschätzung Schmidts heraus wird er 1977 auf dem Parteitag der SPD eine Rede halten. Im Unterschied zu beispielsweise Günter Grass begreift sich Frisch in diesen Zusammenhängen jedoch nicht als Parteigänger, sondern als ein die politischen Entwicklungen kritisch begleitender Intellektueller, der nicht zuletzt seiner Schweizer Herkunft wegen glaubt, in diesen Dingen seine Stimme unbefangen erheben zu können. Es ist nicht ohne Grund von Alexander Stephan angemerkt worden, daß Frisch in politischen Fragen zuweilen nicht hinreichend differenziert habe. Die Reden zum Militärputsch in Griechenland oder zur Außenpolitik der USA etwa seien, so Stephan, unter anderem durch »nichtssagende Phrasen« gekennzeichnet; von sachlich angemessenen politischen Analysen könne hier nur bedingt die Rede sein. Doch gilt diese Einschätzung nicht generell: Frischs Auseinandersetzung mit der Situation in der Sowjetunion, publiziert im zweiten Tagebuch aus dem Jahr 1972, weist ihn als ebenso scharfsichtigen wie klugen Beobachter aus. Dies gilt nicht weniger für seine an gleicher Stelle veröffentlichten Bemerkungen zu den damaligen

Welche Schweiz? – wir sehen, was sie, die heutigen Inhaber der Schweiz, als Schweiz bezeichnen: ein Land mit dem Anspruch, Vorbild zu sein für andere, und mit Fremdarbeitern als Menschen zweiter Klasse, mit privatem Waffengeschäft (Beihilfe zum Völkermord) und öffentlicher Caritas; eine korrekte Schweiz, korrekt gegenüber der griechischen Militär-Junta und überall zu Investitionen bereit, auch wenn sie die faschistischen Diktaturen befestigen; eine Gesellschaft, in der 3 Prozent der Landsleute so viel besitzen wie die anderen 97 Prozent … *›So wie jetzt, geht es nicht‹ (1971), VI, 504*

Studentenunruhen oder dubiosen Waffengeschäften. Derlei politische Statements, eingebettet in einen fiktionalen Kontext, zeigen die Handschrift eines Skeptikers, der allen offiziellen Bekundungen mit großer Vorsicht begegnet. Auf diese Weise gelingt es ihm immer wieder, Verlogenheit und Heuchelei ans Licht zu bringen, wobei gerade im ›Tagebuch 1966–1971‹ der kalkulierte Einsatz von Ironie eines seiner wichtigsten Stilmittel darstellt.

Frisch hat vielfach die Überzeugung geäußert, daß ihm Subversivität als eine der entscheidenden Eigenschaften von Literatur erscheint. Literatur habe ihre Aufgabe darin, »Ideologie zu verunsichern, indem sie immer wieder versucht, die sich verändernde Realität ins Bild zu bringen, zur Darstellung zu bringen; und da zeigt sich dann die Diskrepanz zwischen dem Vokabular der Ideologie und der mit ihr verbundenen Realität. Daher ist Literatur … immer ein subversives Unternehmen. Und was heißt subversiv? Ein therapeutisches Unternehmen.« (GmA, 48)

Frischs Kritik an jeweilig gegebenen Verhältnissen leitet sich mithin von der Auffassung her, es könne alles auch ganz anders sein. Peter Bichsel gegenüber bemerkte er: »Politik ist doch nur die Frage, wie begegne ich Menschen, denen ich begegnen muß.« Festzuhalten ist, daß Frisch

69 Denkmal auf dem Rosenhof in Zürich

HIER RUHT / kein großer / ZÜRCHER /denker und / STAATSMANN/oder REBELL / weitsichtiger / PLANER / der freiheit/usw. // … kein ketzer /wurde hier verbrannt. hier / kam es zu keinem Sieg. / keine sage, die uns ehrt,/ erfordert hier ein denkmal / aus stein. hier gedenke/unserer Taten heute / dies denkmal ist frei // 1967 NIEMAND / zeitGENOSSE / patriot / REFORMATOR / DER SCHWEIZ/im XX. jahrhundert/ BEGRÜNDER/der ZUKUNFT/die trotzdem kommt. // hier ruht kein kalter krieger / dieser Stein, der stumm ist, / wurde errichtet zur zeit des / krieges in VIETNAM / 1967 *(Vgl. Tgb II, VI, 59)*

70 China-Reise als Mitglied der Helmut Schmidt begleitenden Delegation, 1975

sich niemals als »Agitator« begriff, der im Dienst einer Partei zu handeln suchte, im Gegenteil sah er sich immer nur als Künstler bzw. Schriftsteller.

Wenn er in einem Interview (Philippe Pilliod, 1985/1986) Walter Benjamin mit den Worten »die Kunst ist der Statthalter der Utopie« zitiert, bringt er damit einen entscheidenden Aspekt seines künstlerischen Selbstverständnisses auf den Punkt. Nur von diesem Gedanken her sei verständlich zu machen, weshalb er etwa »beschädigte Menschen« oder »gestörte Partnerschaften« thematisiere: »Solange der Mensch Klage erhebt, hat er noch die Hoffnung, es könne auch anders sein. Traurige Geschichten erinnern mich an meine Hoffnung, wie ich es mir wünsche. Ich finde mich nicht ab. Ich rebelliere.«

Erste Anzeichen dieses sozusagen »methodisch« fruchtbar gemachten Aufbegehrens finden sich in der aus dem Jahr 1940 stammenden zweiten Folge der ›Blätter aus dem Brotsack‹. Hier bezieht Frisch erste dezidiert kritische Positionen. Seiner Ansicht nach handelt es sich dabei um Auffassungen, die »die Machenschaften der Herrschenden durchkreuzen«. Es charakterisiert den gebürtigen Schweizer – bei aller über nationale Grenzen hinweg ins Spiel gebrachten politischen Urteilskraft –, daß ihm mitunter die eigene Heimat geradezu schmerzlich am Herzen

Was hat Max Frisch in unserem Lande ausgerichtet? – Er hat die Atmosphäre verändert. Das ist, was ihm viele bis heute nicht verzeihen können, was sie ihm grimmig nicht verzeihen wollen. Nichts, was er je im einzelnen gesagt hat, würde man ihm auf Dauer krummnehmen. Aber was er mit dem Klima anstellte, das ist eine andere Sache. Da nützt es nämlich nichts, ihn einfach nicht zu lesen. Selbst überhaupt keine Bücher zu lesen bietet längerfristig keinen Schutz gegen eine veränderte Atmosphäre.

*Peter von Matt, in: ›Der Zwiespalt der Wortmächtigen‹, Zürich 1991, 95*

liegt. Und auch in diesem Zusammenhang spielt der Utopiegedanke eine bedeutsame Rolle. ›Die Schweiz ist ein Land ohne Utopie‹, so heißt der Titel der 1960 entstandenen Betrachtung anläßlich der vom renommierten Züricher Buchklub »Ex Libris« gestellten Frage »Ist der Schweizer Dichter ein Außenseiter?« Frisch bekennt einleitend: »Die Problematik des Schweizer Schriftstellers, des Schriftstellers in der Schweiz? Persönlich habe ich mit ihr abgeschlossen ...« (IV, 258) Es ist die negative Utopie, »die Angst vor der Zukunft«, die Frisch zufolge das »Grundgefühl des Schweizer Zeitgenossen« ausmacht. Als produktiv könne die schweizerische Situation nur erfahren, wer sie einerseits zu ertragen imstande sei, andererseits sich aber auch immer wieder von ihr distanzieren könne. Offensichtlich hat Frisch seinen Lebensentwurf entsprechend ausgerichtet.

Seinen Umgang mit der Heimat prägen lange Phasen der Abwesenheit, unzählige Reisen, Auslandsaufenthalte in Italien, Berlin, New York. Frischs Verhältnis zur Schweiz gestaltet sich übrigens im Verlauf seines Lebens keineswegs distanzierter oder abgeklärter, er entwickelt vielmehr eine ungemeine Sensibilität, wann immer ihm entsprechende politische oder gesellschaftliche Problemstellungen bewußt werden. Im Zusammenhang mit seiner ersten langen Amerika-Reise 1951 erfolgt die erste Niederschrift von ›Stiller‹, und auch die kleine Schrift ›achtung! die Schweiz!‹ entsteht in dieser Zeit.

Das von Frisch in seinen literarischen Werken (angefangen bei ›Graf Öderland‹ über ›Stiller‹ bis hin zu ›Andorra‹) entworfene Bild der Schweiz führt allerdings dazu, daß er vielen seiner Landsleute als »Nestbeschmutzer« erscheint. Welche Meinung er von seiner Heimat hegt, legt er in den siebziger Jahren u. a. mit seinem ›Wilhelm Tell für die Schule‹ offen, wo er die unzähligen mit »der Schweiz« verbundenen Mythen und Mystifizierungen in ironischer Weise in ihrer Abhängigkeit von ver-

---

Heimat ist nicht durch Behaglichkeit definiert. Wer HEIMAT sagt, nimmt mehr auf sich. Wenn ich z. B. lese, daß unsere Botschaft in Santiago de Chile ... in entscheidenden Stunden und Tagen keine Betten hat für Anhänger einer rechtmäßigen Regierung, die keine Betten suchen, sondern Schutz vor barbarischer Rechtlosigkeit und Exekution (mit Sturmgewehren schweizerischer Herkunft) oder Folter, so verstehe ich mich als Schweizer ganz und gar, dieser meiner Heimat verbunden – einmal wieder – in Zorn und Scham. *›Die Schweiz als Heimat?‹ (1974), VI, 517*

schiedenen Ideologien entlarvt. Das nimmt man ihm vielerorts übel. Eingedenk des Fiaskos mit ›Graf Öderland‹ teilte er dem Züricher Literaturwissenschaftler Karl Schmid in einem Brief vom 26. Februar 1951 mit, er begreife nun plötzlich sehr gut die Empfindungen Albin Zollingers, dessen »Angst vor dem bösen Blick, sein Gefühl, dass Zürich ihn mit Animosität umlauert, nicht mit Gegnerschaft, die nötig ist, sondern mit Animosität, die sich nicht packen lässt ... ich habe das Gefühl, ich sollte Zürich verlassen, aber wohin?« Kurze Zeit später, im April 1951, tritt Frisch seine erste Amerika-Reise an.

Daß er seinem autobiographisch angelegten ›Stiller‹ Sätze wie »Ich hasse nicht die Schweiz, sondern die Verlogenheit« in den Mund legt, dokumentiert indes, daß er trotz aller persönlichen Verletzungen seinem kritischen Urteil treu bleiben will. Immer wieder muß er registrieren, daß sich in seiner Heimat kaum etwas ändert. Die Weigerung der schweizerischen Institutionen bzw. der sie repräsentierenden Personen und weiter Teile der Gesellschaft, sich der historischen Verfehlungen angemessen zu stellen, empfindet er als ständigen Makel. Daß staatliche Einrichtungen die Gutgläubigkeit der Bürger im Hinblick auf die schweizerische Politik gegenüber dem Dritten Reich ausgenutzt hatten, man vorgeblicher politischer Neutralität wegen am Elend anderer mitschuldig wurde, darf nach Frischs Ansicht nicht verschwiegen werden. Die schändliche Vergangenheit begreift er nicht weniger als die eben jene Zeit heuchlerisch verschweigende Gegenwart als »unerträglich«. Und noch im ›Dienstbüchlein‹ von 1974 zieht er ein sehr selbstkritisches Resümee, wenn er sich dieser Zeit erinnert und eingestehen muß, der durch die Zeitläufte auferlegten Verantwortung nicht genügt zu haben: »Ich wagte nicht zu denken, was denkbar ist. Gehorsam aus Stumpfsinn, aber auch Gehorsam aus Glauben an eine Eidgenossenschaft. Ich wollte ja als Kanonier, wenn's los-

Die von Karl Schmid in seiner einflußreichen Studie ›Unbehagen im Kleinstaat‹ (1963) betriebene »Psychologisierung« eines Themas wie der **Kritik an der Schweiz** erlebt Frisch als eine Art Angriff auf seine Person. Daß sein »Leiden im Kleinstaat« von vielen – im Anschluß an Schmids Ausführungen – als Ausdruck individuellen Ressentiments genommen wurde, dürfte ihn tief verletzt haben; wenn auch die entsprechende Passage im zweiten Tagebuch anderes nahezulegen scheint.
Karl Schmid – Max Frisch: Gespräch über die Schweiz, in: Karl Schmid, GW, Bd. IV, Zürich 1998

geht, nicht draufgehen ohne Glauben. Ich wollte nicht wissen, sondern glauben. So war das, glaube ich.« (DB, VI, 616)

So wenig »schmeichelhaft« diese das ›Dienstbüchlein‹ beschließenden Worte auch sind, sie beweisen unzweifelhaft ein ausgesprochen emphatisches Verhältnis, das den Schweizer Frisch mit seiner Heimat verbindet. Auch in seiner anläßlich des Schweizer Nationalfeiertags am 1. August 1957 gehaltenen Ansprache wird dies deutlich. Frisch fordert nachdrücklich zum Engagement auf und meint damit nicht nur die anderen: »Machen Sie Gebrauch von der Freiheit, deren wir uns rühmen, der Freiheit der Gedanken und der Freiheit der Rede. Machen Sie Gebrauch von der Freiheit, bevor sie verrostet ist. Machen Sie Gebrauch von der Freiheit, denn sie gehört zu den Dingen, die sehr rasch und rettungslos verrosten, wenn man sie nicht braucht.« (IV, 225)

Soweit es das Verhältnis Frischs zur Schweiz insgesamt betrifft, bringt die Rede, ›Die Schweiz als Heimat?‹, die er am 12. Januar 1974 anläßlich des ihm von der Schweizerischen Schillerstiftung verliehenen Großen Schillerpreises hält, die Dinge auf den Punkt. Daß die Preisverleihung gerade im Züricher Schauspielhaus stattfindet, ist insofern bemerkenswert, als sich kaum ein anderer öffentlicher Ort in der Schweiz findet, der die diesbezüglichen Ambivalenzen des Autors sinnfälliger hätte veranschaulichen können. Was ihm in den vierziger Jahren regelrecht zur Heimat geworden war, hatte im Jahr der Preisverleihung sein gutes Renommee bereits verloren. Wie in so vielen Institutionen hatten auch im Züricher Schauspielhaus die kreativen Köpfe im Lauf der Jahre immer mehr an Einfluß eingebüßt. Daß etwa Friedrich Dürrenmatt den Verwaltungsrat stützte, »der über öffentliche Gelder verfügt nach dem Kunstbedürfnis der Bankiers«, wie es im ›Tagebuch 1966–1971‹ kritisch heißt, vertiefte einerseits die Kluft zu dem einstigen Weggefährten, andererseits dokumentierte sich hier, wie wenig Frischs Stimme in der eigenen Vaterstadt zählte.

Was wir vom Feind zu wissen hatten: er schießt, wenn er unsere Taschenlampe sieht im nächtlichen Gelände. Er hat es abgesehen auf das Elektrizitätswerk, das wir mit unserem Leben und einem Karabiner verteidigen, und dabei in erster Linie auf Soldaten, die sich nicht an die Anweisungen ihres Offiziers halten. Ferner hat der Feind, wenn ein Leutnant oder Hauptmann von ihm redet, immer die fixe Idee, gerade dort oder ungefähr dort seine Minenwerfer aufzustellen, wo unsere Offiziere es annehmen. *DB, VI, 555f.*

Man hatte offenbar Probleme mit Frischs Heimat-Verständnis, das so gar nicht »nach dem Schnittmuster der Abteilung HEER UND HAUS« gefertigt ist. Für ihn gehören nicht nur Gottfried Keller, die Alpen und die schweizerische Mundart zur Schweiz, sondern »auch die Schande, zum Beispiel die schweizerische Flüchtlingspolitik im Zweiten Weltkrieg und anderes, was zu unserer Zeit geschieht oder nicht geschieht« (VI, 517). In seiner Rede ›Wir hoffen‹, gehalten 1976 anläßlich der Verleihung des Friedenspreises des Deutschen Buchhandels, äußert er die Hoffnung auf einen »Umbau« der Gesellschaft, die sich ihrer überkommenen Feindbilder entledigen und aufrichtig der Vergangenheit wie der Zukunft begegnen könnte. Soweit es seine Person betraf, vermochte man Frischs Hoffnung zu dessen Lebzeiten nicht hinreichend zu erfüllen. Insofern kann seine gegenüber Dieter Bachmann, dem Herausgeber der schweizerischen Kulturzeitschrift ›du‹ (die 1991 ein Frisch-Heft vorbereitete) gerichtete Bitte: »Mach mich nicht zu einem Schweizer« als Ausdruck der Resignation genommen werden. Frischs politische bzw. gesellschaftliche Hoffnungen haben sich nicht erfüllt.

71 Nach der Übergabe des Friedenspreises des Deutschen Buchhandels am 19. September 1976 vor der Frankfurter Paulskirche. Frischs Rede trägt den Titel ›Wir hoffen‹.

# »Auf der Zielgeraden«

Das Altern, bzw. was immer damit an Gebrechen einhergehen mag, bis hin zum Sterben und dem Tod beschäftigten Frisch nicht erst in späten Jahren, wie etwa die Arbeiten ›Jürg Reinhart‹ oder ›Die Schwierigen‹ dokumentieren. Doch nahmen im Laufe seines Lebens Intensität und Umfang der Auseinandersetzung im Zuge des an sich selbst erfahrenen Alterungsprozesses mehr und mehr zu. Anfang der achtziger Jahre hat Frisch bereits eine ganze Reihe von Freunden und Weggefährten »überlebt«: Bertolt Brecht (†1956, 58 J.), Peter Suhrkamp (†1959, 68 J.), Kurt Hirschfeld (†1964, 62 J.), Ingeborg Bachmann (†1973, 47 J.), Peter Weiss (†1982, 66 J.) oder Peter Noll (†1982, 56 J.). Mit letzterem, einem Züricher Juristen und Universitätslehrer, war Frisch eng befreundet gewesen und hatte mit ihm noch kurz vor dessen absehbarem Krebstod eine Reise zu den ägyptischen Königsgräbern unternommen. Nolls Umgang mit dem eigenen Sterben beeindruckte Frisch tief: »Abschied aus vollem Bewußtsein, ohne Sentimentalität, ohne Gespiele, ohne Zynismus. Das ist etwas.«

In seiner ›Rede zum Tod von Peter Noll‹ bekennt er: »Unser Freundeskreis unter den Toten wird größer.« Durch den unabwendbaren Verlust von Freunden, mit denen man gemeinsame Erfahrungen geteilt hatte, vereinsamt der einzelne nämlich, wie Frisch glaubt, in einem ausgesprochen existentiellen Sinn. Nicht nur der unmittelbare Tod eines Menschen ist zu verkraften, auch der gemeinsam gestiftete Erinnerungshorizont wird unwiederbringlich vernichtet, wie der Vierundsiebzigjährige in ›Gespräche im Alter‹ mit dem befreundeten Philippe Pilliod anmerkt.

Peter ist bestattet / … / Sein Leib ist bestattet. / Einmal im Tessin, als wir abends in der kleinen Loggia sitzen mit Wein und Wetterleuchten, … plötzlich ein Geruch von Verwesung, mein Grundstück grenzt an den Friedhof, aber der Geruch kommt aus dem Wald herauf, kein Wunder, da ich gestern das verdorbene Fleisch aus der Kühltruhe … in den Wald hinunter geworfen habe – und plötzlich lacht er, da wir ja, schweigend, im Augenblick genau dasselbe denken, und aus seinen sehr hellen Augen trifft uns der Blick eines Befreiten, der zu wissen wagt, was er weiß, und uns ein gleiches zutraut. *›Rede zum Tod von Peter Noll‹, VII, 78*

72 Max Frisch, 1976

Daß sich auch im sogenannten Spätwerk Frischs (dazu zählen ›Triptychon‹, ›Der Mensch erscheint im Holozän‹, ›Blaubart‹ und im Umkreis von ›Schweiz ohne Armee‹ entstandene Arbeiten) Zusammenhänge zwischen Biographie und Fiktion ergeben, erscheint angesichts seines bisherigen Schaffens nur folgerichtig. Frisch hat sich in diesen Arbeiten nicht nur in literarisch avancierter Weise, sondern auch inhaltlich höchst differenziert mit existentiellen Problemstellungen, wie sie für das Alter gelten, auseinandergesetzt. Es ist allerdings angeraten, den alternden Frisch nicht mit den jeweiligen entsprechenden Protagonisten gleichzusetzen. Nur selten erlebt das Publikum Frisch derart verärgert wie angesichts der Reaktion auf seine Erzählung ›Der Mensch erscheint im Holozän‹. Daß die zentrale Figur, der dreiundsiebzigjährige Geiser, weithin als Alter ego des Autors begriffen wurde, erschien ihm gleichermaßen als Denkfaulheit und als Mißachtung des literarischen Moments: »Nun ja, dieser Herr Geiser in der Erzählung ist nicht so viel älter als der Frisch, Herr Geiser verendet im Tessin, und dort hat Max Frisch doch ein kleines Haus, bitte, wenn das nicht autobiographisch ist … *Authentisch* gleich *autobiographisch* gleich *privat* gleich *indiskret* oder *irrelevant* und so weiter«, schimpft er in einem Interview mit Fritz J. Raddatz.

Auch in seinen späten Jahren bleibt er dem seit ›Jürg Reinhart‹ erprobten methodischen Ansatz treu, mit fiktionalen Mitteln zu

**Sich in Zeiten persönlicher Not** so weit wie möglich auf sich selbst zurückzuziehen, ist kennzeichnend für Uwe Johnson. Frisch reagiert in solchen Situationen überaus ähnlich. Warum Johnson niemanden ins Vertrauen ziehen könne, erkläre sich daraus, daß er »behindert« werde »durch die mündliche oder briefliche Mitteilung von einem Unglück, das zunächst einmal nur mich betroffen habe, und ich wollte vertrauen auf den Versuch herauszufinden, ob es darüber hinaus auch geeignet sei, erzählt zu werden als eine weniger subjektive Erfahrung. Sie [Frisch] haben dies auf der Stelle verstanden«. *(Johnson an Frisch, 31. August 1978)*

entfalten, was in einer bestimmten Situation unter bestimmten Voraussetzungen von existentieller Bedeutung sein könnte. Hatte er bisher aber meist eine zukunftsorientierte Perspektive angenommen, so gewinnt das »Spiel mit Möglichkeiten« nun einen eher resümierenden Charakter: Was wäre gewesen, wenn ... In den jetzt entstehenden Texten thematisiert er deutlicher als je zuvor Resignation und Pessimismus. Die Zukunft erscheint nicht mehr grenzenlos offen, die verbleibende Lebensspanne, auch optimistisch betrachtet, ein mehr oder minder überschaubarer Zeitraum. Ungeachtet der deutlich spezifischen Themenwahl schreibt er mit unvermindert literarischem Anspruch. Kennzeichnend für Frischs »Spätstil« ist sein Hang zur Verdichtung, wodurch eine beeindruckende Unmittelbarkeit der Darstellung entsteht.

Mit ›Triptychon‹ beginnt Frisch im September 1976, zeitweilig arbeitet er dabei im Atelier des mit ihm befreundeten Malers Gottfried Honegger. Insgesamt entstehen drei szenische Bilder; vom zweiten gibt es nicht weniger als zwölf Fassungen. Noch nie sei er mit einer literarischen Arbeit so deutlich in die Nähe Samuel Becketts gerückt, konzediert man ihm von literaturwissenschaftlicher Seite. Insbesondere im zweiten Bild greift er seine klassische Thematik auf – eine individuelle Existenz von deren Nöten und Hoffnungen her literarisch zu entfalten. Das Stück ist zwar im Totenreich angesiedelt, doch gibt Frisch auch in diesem Rahmen keine »letzten Weisheiten« zum besten. Wie immer betreibt er Klärungsversuche, sucht den thematischen Horizont zu entfalten. Unmißverständlich erklärt er im Gespräch mit Fritz J. Raddatz: »Es geht in diesem Stück um das Tödliche vor unserem klinischen Tod. Und der fängt eben schon früh an ... Das Tödliche beginnt, wenn jemand nicht mehr umdenken kann.«

Frisch verwendet all seine Kraft auf diese Arbeit, das Ergebnis ist ein hochdifferenziertes, anspruchsvolles und in jeder Hinsicht avanciertes Werk: Jede Bewegung, jede Gebärde, jedes Re-

Daß Deine letzten Arbeiten ... stiller geworden sind, hat wohl nur am Rande mit enttäuschter Liebe zur Schweiz zu tun ... Dein Publikum ... hast Du herabgestimmt durch die Delikatesse Deiner letzten Produktion. Sie handelt zwar vom Nicht-Leben, von Wahrnehmungsverlusten, Bedrohungen der Sinnlichkeit – aber ohne äußeres Drama. Nicht nötig: diese Themen sind keine Privatsachen, sie könnten nicht zentraler sein, nicht aktueller für einen allgemeinen Zustand. Gerade die Liebe ohne Erwartung ist heute keine Alters- und Privatfrage mehr, sondern eine der Kultur ... *A. Muschg, 1981*

quisit seien in ›Triptychon‹ wohlkalkuliert, meint Peter von Matt, indes dominiere »ein universales Grau«, »ohne Riß, aber geisterhaft belebt und abgestuft in erlesenen Schattierungen«.

Das Stück, für dessen zentralen Mittelteil Frisch auch schon einmal den Titel ›Ostern am Styx‹ ins Auge gefaßt hatte, gelangt nur mit Umwegen auf die Bühne. Zuvor wird am 15. April 1979 (Ostersonntag) unter der Regie des Schriftstellerkollegen Jürgen Becker eine Hörspielfassung gesendet. Die Uraufführung erfolgt in französischer Übersetzung am 9. Oktober 1979 in Lausanne. Nach einer weiteren Überarbeitung meldet das Frankfurter Schauspielhaus Interesse für die deutschsprachige Erstaufführung an. Das Vorhaben des damaligen Co-Direktors Johannes Schaaf bleibt allerdings unverwirklicht. Die Schauspieler vermissen dezidiert politische Aussagen, das Stück sei »allzu sehr auf eine private oder fast alltägliche Perspektive verengt«. Frisch reagiert zornig: »Ich denke nicht daran, vor den Frankfurter Schauspielern anzutreten und ihnen zu erklären, warum ich mich nicht für einen Reaktionär halte.« Die Wogen der Empörung schlagen hoch, und der Suhrkamp Verlag fordert Schadenersatz in Höhe von 40 000 DM. Unterdessen inszeniert Erwin Axer ›Triptychon‹ am Wiener Akademietheater des Burgtheaters. Die Aufführung vom 1. Februar 1981 findet ausdrücklich Frischs anerkennende Zustimmung, Publikum und Kritik hingegen reagieren vielfach eher ratlos angesichts des ebenso schwierigen wie sprachlich hoch artifiziellen Stücks.

Auch in diesen Jahren blieb Frisch also nicht von beruflichen Querelen verschont, ebensowenig wie im Privaten. Zudem haben sich erste massive gesundheitliche Probleme eingestellt. Nach einem dreiwöchigen, im Schwarzwald verbrachten Kuraufenthalt berichtet er Uwe Johnson am 11. Januar 1979 von seinem Bedürfnis, »zu ordnen«, um »den Rest der Zeit vielleicht doch mit Anstand zu bestehen«. Bereits im April 1979 wird die

---

**Frisch über das Atelier des Malers Gottfried Honegger, wo er an ›Triptychon‹ arbeitet:** Viel Platz, Werkstatt mit fremdem Gerät, eine lange leere Wand, wo ich meine Blätter anheften kann, und das ist gut, sonst kommt in meinem schlechten Gedächtnis alles durcheinander; hier kann ich, Hände in den Hosentaschen, vor der Wand stehen … und die Scenenskizzen in ihrer Reihenfolge umhängen, um ihren Stellenwert zu ändern, mit Reisnägeln; ich muss nur die Hände aus den Hosentaschen nehmen; Komposition als schlichte Handarbeit. *An Uwe Johnson, 16. März 1976*

Gründung einer Max-Frisch-Stiftung beschlossen, die dann im Oktober 1979 durch die Einsetzung eines Stiftungsrates (Max Frisch, Siegfried Unseld, Peter Bichsel, Adolf Muschg, Peter von Matt) formell ihre Arbeit aufnimmt. Mit dessen Hilfe sollen u. a. etwaige Erbstreitigkeiten unterbunden und Sperrfristen für die Veröffentlichung von Briefen etc. geregelt werden. Das in den Räumen der ETH Zürich untergebrachte Archiv ist seit 1983 der Öffentlichkeit zugänglich.

Im übrigen wünscht sich Frisch nichts weniger, als endlich wieder Abstand zu gewinnen. Einmal mehr wählt er New York als Reiseziel. Nachdem im Jahr 1979 die Ehe mit Marianne Frisch geschieden worden war, nimmt er im Juni 1980 erneut Verbindung mit Alice Locke-Carey auf, die gemeinsame Zeit wird schließlich vier Jahre umfassen. Wie Marianne Frisch in diesem Zusammenhang zu bedenken gibt, wurde »der offizielle Scheidungstermin jahrelang überspielt ... Max F. hat die Scheidung zunächst wie eine Versuchsanordnung betrachtet ... [Alice Locke-Carey] sollte mich eifersüchtig machen ... da wollte ein Herr Regie führen – Biographie ein Spiel –, doch die Protagonisten hatten z. T. keine Lust mitzuspielen«. Wie immer man diese Einschätzung bewerten mag, Frisch seinerseits erwirbt 1981 im New Yorker Stadtteil SoHo ein Loft und kehrt erst im Verlauf des Jahres 1983, von mehreren Europa-Aufenthalten abgesehen, endgültig in die Schweiz zurück.

In den USA bringt man Frisch überaus große Wertschätzung entgegen. 1980 etwa verleiht ihm das Bard College den Ehrendoktor, zwei Jahre später läßt es sich auch die City University of New York nicht nehmen, dem berühmten Wahl-New-Yorker diese Ehre zuteil werden zu lassen. Besonders eine seiner jüngsten Arbeiten findet hier breite Zustimmung bei Lesern und Kritikern. Die 1979 auf Deutsch erschienene Erzählung ›Der Mensch erscheint im Holozän‹ wird von der amerikanischen Kritik zur besten Erzählung des Jahres 1980 gekürt.

**Zur Entstehung von ›Holozän‹:** Unter dem Titel ›Regen‹ entwarf Frisch bereits 1972 erste Skizzen. Im Mai 1974 erschien dann in der Zeitschrift ›Merkur‹ ein Fragment mit dem Titel ›Klima‹. Die Erzählung, von Frisch vom Sommer 1972 bis zu einer Lesung am 1. Dezember 1973 in der Berliner Akademie der Künste bereits einige Male umgearbeitet, sollte im Herbst 1974 veröffentlicht werden, wurde dann aber doch zurückgezogen. Bis Ende 1977 erstellte Frisch zwölf weitere Fassungen. Erst im Herbst 1978 entstand die endgültige Druckfassung, die der Suhrkamp Verlag dann im März 1979 zur Leipziger Buchmesse publizierte.

73 New York, White Street 17 – Manuskriptseiten an den Wänden

Offenbar überzeugte Frischs radikal subjektive Erzählung vom Leben eines verwitweten, einsamen alten Mannes, der sich nach einer erfolgreichen Karriere als Industrieller mehr und mehr von der Familie, den Freunden und Bekannten zurückzieht. Die Verminderung seines physischen und psychischen Leistungsvermögens macht ihm zu schaffen, er fürchtet, sein Gedächtnis zu verlieren, und hadert damit, keine wirklich sinnvolle Aufgabe zu finden: »Wieder und wieder auf die Armbanduhr zu blicken, um sich zu überzeugen, daß die Zeit vergeht, ist Unsinn. Die Zeit ist noch nie stehengeblieben, bloß weil ein Mensch sich langweilt und am Fenster steht und nicht weiß, was er denkt.« (Hol, VII, 259) Aus dieser existentiellen Not heraus widmet Geiser sich mehr oder minder wahllos der Archivierung all dessen, was ihm persönlich wichtig erscheint. Unzählige an den Wänden befestigte Zettel, vielfach aus Büchern herausgeschnitten, dokumentieren seine diesbezügliche tendenziell abstru-

74 Filmstill aus ›Holozän‹ von Heinz Bütler und Manfred Eicher

se Geschäftigkeit. Da infolge eines gewaltigen Unwetters sein Wohnort von der Außenwelt abgeschnitten wird, faßt er den Plan, zu Fuß über die Berge in seine Heimatstadt Basel zu wandern. Im Verlauf seines Fußmarsches kommt ihm allerdings die Unsinnigkeit seines Vorhabens immer deutlicher zu Bewußtsein, worauf er die Sache abbricht und nach Hause zurückkehrt.

Daß Frisch hier einen eindringlichen Blick ins Seelenleben seines Protagonisten zu eröffnen vermag, verdankt sich vor allem der »innenperspektivisch« angelegten Darstellung. Hatte er die Auseinandersetzung mit dem Tod im zweiten ›Tagebuch‹ noch eher von »außen« betrieben (wie er selbst einmal einräumte), geht es ihm nun darum, den Eindruck von Authentizität zu erwecken.

Dennoch bleibt Frisch seinen ästhetischen Grundsätzen treu, immer wieder durchkreuzt er beispielsweise eingespielte Lesererwartungen. Die Situierung der vom »Helden« »herausgeschnittenen« Zettel in den fortlaufenden Text schafft zusätzliche und mitunter überaus irritierende Sinnbezüge, wodurch die thematisch eigentlich bedrückende Arbeit zu einer vielschichtigen Komposition gerät, in der die einzelnen Komponenten nicht selten in überraschend humorvollen Wendungen aufeinander verweisen. Frisch beweist in ›Holozän‹ in bemerkenswerter Weise seine Fähigkeit, eine existentielle Grundsituation so zu entfalten, daß weder alles in saurem Kitsch ertrinkt noch krampfhaft auf seine »höhere Bedeutung« hin abgeklopft wird. Ob ein Titel wie ›Der Mensch erscheint im Holozän‹ etwa dahingehend zu verstehen ist, daß vom besseren, vom wirklich humanen Menschen-Leben und -Sterben bislang kaum etwas Realität geworden ist, erscheint angesichts der hier von Frisch geschilderten Welt als durchaus einsichtige Lesart.

Frischs vorletzter Prosatext ›Blaubart‹ erinnert seinem Titel nach an den mordlüsternen Helden eines aus dem 17. Jahrhundert stammenden Märchens. Frisch interessiert sich allerdings nicht

**Ehrungen für Frisch 1979–1991**

1979 Ehrengabe aus dem Literaturkredit des Kantons Zürich (aus politischen Gründen abgelehnt)
1980 Ehrendoktorat des Bard College
1982 Ehrendoktorat der City University of New York
1984 Commandeur dans l'ordre des arts et des lettres, Paris
1986 Spendet das Preisgeld des Neustadt-Literaturpreises der University of Oklahoma zum Bau einer Schule in Nicaragua
1987 Ehrendoktorat der TU Berlin
1989 Heinrich-Heine-Preis, Düsseldorf
1991 Lehnt Teilnahme am Festakt zur 700-Jahr-Feier der Schweiz ab

für die »sensationellen« Momente dieser Thematik. In seiner parodistischen Version geht es vielmehr um einen gewissen des Mordes beschuldigten Felix Schaad, dem das angelastete Verbrechen jedoch nicht nachgewiesen werden kann. Obwohl in jeder Hinsicht unschuldig, steigert sich der sechsmal geschiedene Schaad in die Vorstellung hinein, nur aus Mangel an Beweisen nicht verurteilt worden zu sein: »Seit meinem vierzehnten Lebensjahr habe ich nicht das Gefühl, unschuldig zu sein.« – »Wie lebt einer damit? Ich bin vierundfünfzig« – so die Ausgangsfrage.

Der Erzählung liegt eine tatsächliche Begebenheit zugrunde. Frisch entdeckte sogleich die Möglichkeiten, die sich für ihn aus diesem Stoff ergeben mochten, nicht zuletzt im Hinblick auf die nach der Publikation von ›Holozän‹ eingetretene Schreibhemmung (»Was kann die Schreibmaschine dafür, dass ich Ekel vor ihr empfinde … – wie vor der Handschrift übrigens auch«). Auch in ›Blaubart‹, entstanden zwischen Oktober und Dezember 1981, spielen autobiographisch motivierte Fragen eine wichtige Rolle: »Ich möchte den Angeklagten fragen, ob er der Meinung ist, daß er je eine Frau verstanden hat. Denn das scheint mir nämlich nicht der Fall zu sein, Herr Doktor, denn immer rätseln Sie an den Frauen herum, und wenn eine Frau sich nicht an Ihre männliche Deutung hält, was dann?« (VII, 358)

In ›Gespräche im Alter‹ (1985/1986) mit Philippe Pilliod, u. a. Übersetzer seines er-

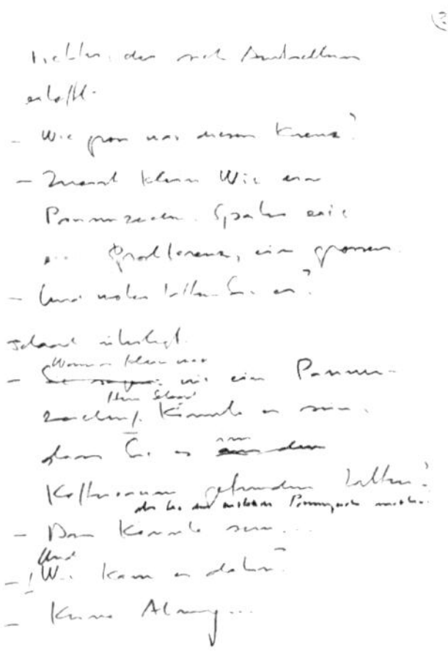

75 ›Blaubart‹, undatierte Manuskriptseite [Herbst 1981]
[…] – Wie gross war dieses Kreuz?
– Zuerst klein wie ein
Pannenzeichen. Später wie
ein Grabkreuz, ein grosses.
– Und woher hatten Sie es?
Schaad überlegt.
– Wenn es klein war
~~Sie sagen~~: wie ein Pannen-
Herr Schaad
zeichen | Könnte es sein,
im
dass Sie es ~~aus dem~~
Kofferraum gefunden hatten?
als Sie das wirkliche Pannenzeichen suchten?
– Das könnte sein …
Und
–| Wie kam es dazu?
– Keine Ahnung …

sten Tagebuchs ins Französische und früherer Ehemann der letzten Lebenspartnerin von Frisch, Karin Pilliod, zog er, soweit es seine Sicht auf das Verhältnis zwischen Männern und Frauen betraf, ein deutliches Resümee: Der Mann »forme«, so seine Auffassung, die Frau nach seiner Vorstellung und begreife sie daher auch als sein Eigentum. Eben deshalb reagiere ein Eifersüchtiger nicht anders als ein Bestohlener. Daß Frisch – 30 Jahre nach der Veröffentlichung von ›Stiller‹ – diese Thematik, wiewohl nur gesprächsweise, so deutlich aufgreift, mag als Beleg dafür gelten, daß auch der späte Frisch in aufrichtiger Weise Introspektion betreibt. »Zuweilen habe ich das Gefühl, man gehe aus dem Geschriebenen hervor wie eine Schlange aus ihrer Haut. Das ist es; man kann sich nicht niederschreiben, man kann sich nur häuten … Schreiben ist nicht Kommunikation mit Lesern …, sondern Kommunikation mit dem Unaussprechlichen« (St, III, 677), wie Philippe Pilliod in diesem Kontext Max Frisch an eine Passage aus dem ›Stiller‹ erinnert.

Frisch zeigt sich im Alter ebenso urteilsfreudig wie in früheren Jahren, wobei er andere im Zweifelsfall nicht weniger schont als sich selbst. In ›Blaubart‹ etwa verarbeitet er tendenziell abträgliche Aussagen von seiten seines Antipoden Dürrenmatt (alias Herr Neuenburger) und bezeugt damit eben jene Souveränität, die man ihm so oft absprach. Die entsprechende Collage, augenscheinlich ohne jedes Ressentiment gearbeitet, scheint darauf ausgerichtet zu vermitteln, daß dem Leben trotz aller Widrigkeiten ein positiver Sinn abzugewinnen sei.

Frisch vermochte sich bis ins hohe Alter hinein als höchst unterhaltsamer Redner zu präsentieren, dem es nie um Selbstinszenierung ging, sondern immer um Aufrichtigkeit. Daß er dieser Absicht ganz und gar nach seinen eigenen Maßstäben zu genügen suchte, führte notwendig zu Konflikten mit all jenen,

**Dürrenmatt 1981 über Frisch, z. T. wörtlich in ›Blaubart‹ übernommen:**
Ach, er ist doch so ungeheuer verletzbar … Er ist ein flotter Kerl, aber was er schreibt, ist manchmal ganz furchtbar … Was mich an Frisch so stört, sind diese Unwahrheiten, … zum Beispiel ›Montauk‹. Das hat er als autobiographisches Werk ausgegeben. Aber wenn Sie ihn persönlich kennen, dann schütteln Sie nur den Kopf. Da stimmt einfach gar nichts. Er hat mir doch jede Frau vorgestellt … und geschworen, Gott möge ihn verfluchen, wenn er sie jemals betrüge … Dieser Romantizismus in der Liebe ist mir ganz fremd, diese ungeheure Selbstquälerei, das könnte ich gar nicht.

*Gespräche, Bd. 3, 102*

die einen fraglichen Sachverhalt anders bewerteten. Frisch indessen hielt auch dann an seinen Auffassungen fest, wenn er sich derentwegen heftigsten Angriffen ausgesetzt sah. Und dabei war es ihm herzlich gleichgültig, ob die Anfeindungen nun von privater oder öffentlicher Seite erfolgten. Auf äußeren Druck hin seine Einsichten preiszugeben, erschien ihm undenkbar. Der Schriftsteller hatte Frischs Überzeugung nach unbestechlich zu sein, in diesen Fragen Boden preiszugeben, wäre ihm wie eine Bankrotterklärung erschienen.

1984 kehrt Frisch schließlich nach Zürich zurück. Die seit 1979 gehaltene Züricher »Zweitwohnung« in der Stockerstr. 39 gibt er bald auf, um in die Stadelhoferstr. 28 zu ziehen. Das neue Domizil befindet sich in der Nähe des zentral gelegenen Bellevue Platzes, nicht weit vom Schauspielhaus, dem See und den von ihm geschätzten Restaurants, Cafés, Buchläden etc. Hier, in seinem »Altersheim«, wird er bis zu seinem Tod logieren.

Im März 1989 erfährt Frisch, daß er unheilbar an Darmkrebs erkrankt ist. Schon zuvor hatten ihn gesundheitliche Probleme geplagt: ein Lungenemphysem, eine damit einhergehende Kurzatmigkeit und die zugrundeliegende Herzschwäche. Dennoch hatte er 1987 zusammen mit seiner damaligen Lebensgefährtin Karin Pilliod in Moskau am »Forum für eine atomwaffenfreie Welt« teilgenommen, eine Veranstaltung, zu der Michail Gorbatschow 900 ausländische sowie 350 sowjetische Teilnehmer eingeladen hatte. Als im Frühjahr 1989 die sogenannte Fichen-Affäre publik wird, mobilisiert er noch einmal seine ganze Kraft, um seine Stimme zu Gehör zu bringen. Nicht weniger engagiert begleitet er die Kampagne zur Volksab-

76 Während des »Forums für eine atomwaffenfreie Welt« mit Karin Pilliod in Moskau, 1987

stimmung über den Fortbestand der Schweizer Armee. Es entstehen in diesem Zusammenhang nicht nur der Prosatext ›Schweiz ohne Armee? Ein Palaver‹ und dessen zusammen mit Benno Besson erarbeitete Bühnenfassung, ›Jonas und sein Veteran‹. Mit seiner finanziellen Unterstützung druckt man sogar ein Plakat, das die von Frisch befürwortete Abschaffung deutlich zum Ausdruck bringt.

77 Altersportrait, Dezember 1989

Doch der Tod rückt näher. Nichts liegt Frisch ferner, als dessen drohende Nähe zu ignorieren. Im übrigen hält er es in dieser Frage mit Epikur, demzufolge der Mensch mit dem Tod in jeder Hinsicht an sein Ende gelangt. Max Frisch legt detailliert fest, wie sein Begräbnis zu gestalten sei. Sein Körper soll verbrannt werden, von Karin Pilliod und den Freunden Michel Seigner und Peter Bichsel wünscht er sich einige Worte. Am 4. April 1991, mitten in der Arbeit an den anläßlich seines 80. Geburtags (15. Mai 1991) geplanten Max-Frisch-Tage, stirbt er. Nach seinem Tod werden sich die Freunde im Rahmen einer »Erinnerungsfeier« in Berzona versammeln, und, wie Peter von Matt berichtet, Frischs Asche den Flammen übergeben. In den Nachrufen würdigt man, über alle Meinungsverschiedenheiten hinweg, die literarische und zeitgeschichtliche Bedeutung des verstorbenen Autors, dessen Leistung seit den 1940er Jahren von enormer Bedeutung für die deutschsprachige Literatur des 20. Jahrhunderts geworden ist.

**Die eigene Vorstellung vom Tod schien Frisch am besten in einer Passage des ›Homo faber‹ zum Ausdruck gebracht**

Auf der Welt sein: im Licht sein ... standhalten dem Licht, der Freude ... im Wissen, daß ich erlösche im Licht über Ginster, Asphalt und Meer, standhalten der Zeit, beziehungsweise Ewigkeit im Augenblick. Ewig sein: gewesen sein.

*Hf, IV, 199*

# Zeittafel

1911 Max Frisch wird am 15. Mai in Zürich geboren
1924 Besuch des Realgymnasiums
1930 Abitur (Matura)
1930 Beginn eines Germanistik-Studiums an der Universität Zürich
1932 Zeitweilige Unterbrechung des Studiums; freier Mitarbeiter bei der ›NZZ‹, der ›Zürcher Illustrierten‹ u. a. Zeitungen
1933 Reisen durch die Tschechei, den Balkan und Südosteuropa, Reisefeuilletons
1934 ›Jürg Reinhart‹. Beginn der Beziehung mit Käte Rubensohn
1935 Reise nach Deutschland
1936 Beginn eines Architektur-Studiums an der ETH Zürich
1937 ›Antwort aus der Stille‹
1938 Conrad-Ferdinand-Meyer-Preis der Stadt Zürich; Trennung von Käte Rubensohn
1939 Dienst als Kanonier (bis 1945 insgesamt 650 Tage im aktiven Dienst)
1940 ›Blätter aus dem Brotsack‹; Architektur-Diplom
1941 Anstellung als Architekt
1942 Heirat mit Trudy von Meyenburg; Arbeit als selbständiger Architekt
1943 ›J'adore ce qui me brûle oder Die Schwierigen‹, erscheint 1944; Geburt der Tochter Ursula
1944 ›Santa Cruz‹. UA 1946; Geburt des Sohnes Hans Peter
1945 ›Nun singen sie wieder‹; ›Bin oder Die Reise nach Peking‹; Dramenpreis der Welti-Stiftung
1946 ›Die Chinesische Mauer‹; Reisen nach Deutschland und Italien
1947 ›Tagebuch mit Marion‹
1948 Reisen nach Berlin, Wien, Prag, Paris, Wroclaw und Warschau
1949 ›Als der Krieg zu Ende war‹; Reisen nach Berlin und Wien. Geburt der Tochter Charlotte
1950 ›Tagebuch 1946–1949‹
1951 ›Graf Öderland‹; einjähriger USA-Aufenthalt
1953 ›Herr Biedermann und die Brandstifter‹, ›Rip van Winkle‹ (Hörspiele); ›Don Juan oder Die Liebe zur Geometrie‹
1954 ›Stiller‹; Trennung von der Familie
1955 Tätigkeit als freier Schriftsteller in Zürich; ›achtung: die Schweiz‹; Schleussner-Schueller-Preis des HR; Wilhelm-Raabe-Preis der Stadt Braunschweig
1955 Umzug nach Männedorf; Verkauf des Archikturbüros
1956 Reise in die USA, nach Mexiko und Kuba
1957 ›Homo Faber‹; Reise mit Madeleine Seigner nach Griechenland
1958 ›Biedermann und die Brandstifter‹; Georg-Büchner-Preis; Literaturpreis der Stadt Zürich; Beginn der Beziehung mit I. Bachmann
1960 Übersiedlung nach Rom
1961 ›Andorra‹
1962 Winter: Beendigung der Beziehung mit Ingeborg Bachmann; Ehrendoktorwürde der Phillips-Universität Marburg
1963 Beginn der Beziehung mit Marianne Oellers
1964 ›Mein Name sei Gantenbein‹.
1965 Übersiedlung nach Berzona (Tessin); Schillerpreis des Landes Baden-Württemberg; Man's Freedom Prize der Stadt Jerusalem
1966 Reise nach Moskau, Leningrad und Odessa mit Marianne Oellers; Zweitwohnsitz Zürich
1967 ›Biografie: Ein Spiel‹ (UA 1968)

1968 Heirat mit Marianne Oellers; Reise in die Sowjetunion

1969 ›Dramaturgisches. Ein Briefwechsel‹ mit Walter Höllerer; Reise nach Japan

1970 Reise in die USA

1971 ›Wilhelm Tell für die Schule‹; Aufenthalt in New York, Vorlesung an der Columbia University

1972 ›Tagebuch 1966–1971‹; Aufenthalt in New York; Wohnsitz wird nun neben Berzona v. a. Berlin

1974 ›Dienstbüchlein‹; Großer Schiller-Preis der Schweizerischen Schillerstiftung; Affäre mit Alice Locke-Carey

1975 ›Montauk. Eine Erzählung‹; Helmut Schmidt lädt ihn zur Teilnahme an einer Chinareise ein

1976 Friedenspreis des Deutschen Buchhandels; ›Gesammelte Werke in zeitlicher Folge‹, hg. v. H. Mayer, u. Mitw. v. W. Schmitz

1978 ›Triptychon. Drei szenische Bilder‹

1979 ›Der Mensch erscheint im Holozän‹; Scheidung von Marianne F.

1980 Ehrendoktorwürde des New Yorker Bard College; Wiederaufnahme der Freundschaft mit Alice Locke-Carey; Reise in die USA

1981 Beginn der Einrichtung des Max-Frisch-Archivs an der ETH Zürich

1982 ›Blaubart. Eine Erzählung‹; Ehrendoktorwürde der City University New York

1983 ›Forderungen des Tages. Porträts, Skizzen, Reden 1943–1982‹

1984 Hauptwohnsitz wird Zürich; Ehrendoktorwürde der Universität Birmingham

1985 Beginn der Beziehung mit Karin Pilliod

1986 Neustadt-Literaturpreis der University of Oklahoma. Das Preisgeld spendet Frisch für den Bau einer Schule in Nicaragua

1987 Ehrendoktorwürde der TU Berlin; Reise nach Moskau auf Einladung von Michail Gorbatschow und Teilnahme am ›Forum für eine atomwaffenfreie Welt‹ mit Karin Pilliod

1989 ›Schweiz ohne Armee? Ein Palaver‹; Bühnenfassung unter dem Titel ›Jonas und sein Veteran‹; Heinrich-Heine-Preis (Düsseldorf)

1990 ›Schweiz als Heimat?‹, hg. von Walter Obschlager

1991 Max Frisch stirbt am 4. April an den Folgen seiner Krebserkrankung in Zürich

# Abkürzungen

BmM = ›Briefwechsel mit der Mutter 1933‹
EA = Erstaufführung
FdT = ›Forderungen des Tages‹
DB = ›Dienstbüchlein‹
DBmH = Dramaturgisches. Ein Briefwechsel mit Walter Höllerer (1969)
ETH = Eidgenössische Hochschule
Gan = ›Mein Name sei Gantenbein‹
GmA = Gespräch mit Heinz Ludwig Arnold (1975)
GmB = Gespräch mit Horst Bienek (1962)
GmP = Gespräch mit Philippe Pilliod (1985/1986); Videofilm
Hf = ›Homo faber‹
Hol = ›Der Mensch entsteht im Holozän‹
Jf – Pa = ›Jugend fragt – Prominente antworten‹ (1975)
Mon = ›Montauk‹
NZZ = ›Neue Zürcher Zeitung‹
SchaH = ›Schweiz als Heimat‹
Schw = ›J'adore ce qui me brûle oder Die Schwierigen‹
St = ›Stiller‹
T= ›Triptychon‹
Tgb I = ›Tagebuch 1946–1949‹
Tgb II = ›Tagebuch 1966–1971‹
UA = Uraufführung
Wbi= ›Was bin ich?‹

# Bibliographie


**Werke und Primärliteratur (Auswahl)**

Max Frisch: Gesammelte Werke in zeitlicher Folge. Jubiläumsausgabe in 7 Bdn. 1931–1985. Hg. von Hans Mayer, unter Mitw. v. Walter Schmitz. Frankfurt/M. 1986
*Sämtliche Zitate aus den Werken von Frisch sind dieser im Suhrkamp Verlag Frankfurt erschienenen Taschenbuchausgabe entnommen. Zu den Nachweisen: Die römische Ziffer verweist auf den jeweiligen Band, die arabische Ziffer auf die entsprechende Seitenzahl. Aus Platzgründen findet sich bei den Reden und Aufsätzen des öfteren nur die Stellenangabe (s. a. Abkürzungen)*

Max Frisch: »Im übrigen bin ich immer völlig allein«. Briefwechsel mit der Mutter 1933. Eishockeyweltmeisterschaft in Prag. Reisefeuilletons. Hg. von Walter Obschlager. Frankfurt/M. 2000

Der Briefwechsel Max Frisch/Uwe Johnson 1964–1983. Hg. von Eberhard Fahlke. Frankfurt/M. 1999

Max Frisch. Friedrich Dürrenmatt. Briefwechsel. Mit einem Essay des Hg. Peter Rüedi. Zürich 1998

Max Frisch. Jetzt ist Sehenszeit. Briefe, Notate, Dokumente. 1943–1963. Hg. und mit einem Nachwort versehen von Julian Schütt. Frankfurt/M. 1998

Max Frisch: Schweiz als Heimat? Versuche über 50 Jahre. Hg. und mit einem Nachwort versehen von Walter Obschlager. Frankfurt/M. 1990

Max Frisch: Stichworte. Ausgesucht von Uwe Johnson. Frankfurt/M. 1985

Max Frisch. Forderungen des Tages. Porträts, Skizzen, Reden 1943–1982. Frankfurt/M. 1983

Max Frisch: Dramaturgisches. Ein Briefwechsel mit Walter Höllerer. Literarisches Colloquium. Berlin 1969

**Interviews (Auswahl)**

»Max Frisch«. In: Horst Bienek: Werkstattgespräche mit Schriftstellern. München 1962, S. 23-37

»Noch einmal anfangen können. Ein Gespräch mit Max Frisch«. Interviewer D. E. Zimmer. In: Die Zeit, 22. Dezember 1967

Jugend fragt – Prominente antworten. »Max Frisch«. Hg. von Rudolf Ossowski. Berlin 1975, S. 116–135

Gespräch mit Max Frisch. In: Heinz Ludwig Arnold: Gespräche mit Schriftstellern. München 1975, S. 9–73 (auch als Hörkassette)

»Ich singe aus Angst ... das Unsagbare. Ein Zeit-Gespräch mit Max Frisch«. Interviewer Fritz J. Raddatz. In: Die Zeit, 17. April 1981

Max Frisch. Gespräche im Alter. Ein Video-Film von Philippe Pilliod. Ammann Verlag, Zürich 1987

**Gesamtdarstellungen (Auswahl)**

Urs Bircher: Max Frisch. 1911–1955. Vom langsamen Wachsen eines Zorns. Zürich 1997 (Bd. 1)
*Erstmalige Berücksichtigung der frühen Briefe Frischs an seine erste Verlobte Käte Rubensohn. Die Briefe sind im Privatbesitz der Familie Rubensohn und konnten bislang von niemandem eingesehen werden. Urs Birchers Zitate beruhen auf Tonbandmitschnitten einer Lesung entsprechender Briefstellen durch Käte Rubensohns Ehemann, Dr. Schnyder.*

ders.: Max Frisch. 1956–1991. Mit Ausnahme der Freundschaft. Zürich 2000 (Bd. 2)
*Materialreiche Darstellung, mit vielen Zitaten aus Interviews, die Bircher u. a. mit Marianne Frisch-Oellers führte*

du: Max Frisch (1911–1991). Hg. von Dieter Bachmann. Bildkommentare von Peter Bichsel. Heft Nr. 12, Zürich 1991
*Informative Bildbiographie mit großer Sensibilität für den Autor*

Jürgen H. Petersen: Max Frisch (Sammlung Metzler). Stuttgart 1989, 2. erw. Aufl.
*Gute literaturwissenschaftliche Einführung, insbesondere auch zu entstehungsgeschichtlichen Zusammenhängen*

Volker Hage: Max Frisch. Reinbek bei Hamburg 1983, überarb. 1997

Walter Schmitz: Max Frisch. Das Spätwerk (1962–1982). Tübingen 1985

ders.: Max Frisch. Das Werk (1931–1961). Bern 1984

Alexander Stephan: Max Frisch (Autorenbücher, Beck zusammen mit text und kritik). München 1983
*Trotz ihrer Kürze überzeugende kritische Einführung in Frischs Werk*

Text und Kritik. Max Frisch. Hg. v. Heinz Ludwig Arnold. München 1975

**Weitere Literatur (Auswahl)**

Bachmann, Ingeborg: »Ich weiß keine bessere Welt«. Hg. von Isolde Moser,

Heinz Bachmann und Christian Moser. München. Zürich 2000
Begegnungen: Eine Festschrift für Max Frisch … Frankfurt/M. 1981
*28 Freunde & Kollegen liefern eindrucksvolle Beweise ihrer Wertschätzung.*
Das verschonte Haus. Das Zürcher Schauspielhaus im Zweiten Weltkrieg. Hg. von Dieter Bachmann und Rolf Schneider. Zürich 1987
Friedrich Dürrenmatt: Gespräche 1961–1990 (4 Bde). Hg. von Heinz Ludwig Arnold. In Zusammenarbeit mit A. v. Planta und J. Strümpel. Zürich 1996
Wolfgang Frühwald und Walter Schmitz: Max Frisch. Andorra/Wilhelm Tell. Materialien, Kommentare. Hamburg 1977
Hans Höller: Ingeborg Bachmann, Reinbek bei Hamburg 1999
Uwe Johnson – Siegfried Unseld. Der Briefwechsel. Hg. v. Eberhard Fahlke und Raimund Fellinger. Frankfurt/M. 1999
Hans Ulrich Jost: Bedrohung und Enge (1914–1945). In: Geschichte der Schweiz und der Schweizer. Bd. III. Basel, Frankfurt/M. 1983, S. 101–189
ders.: Identität und nationale Geschichte. In: Widerspruch. Beiträge zur sozialistischen Politik. Nr. 13, 1987, S. 7–20
Gerhard P. Knapp (Hg.): Max Frisch. Aspekte des Prosawerks. Bern 1978
ders. (Hg.): Max Frisch. Aspekte des Bühnenwerks. Bern 1979
Adolf Muschg: Hunger nach Format, in: Begegnungen (1981), S. 154–176
Bernd Neumann: Uwe Johnson. Hambg. 1994
Paul Nizon: Die Innenseite des Mantels. Frankfurt/M. 1995, S. 69–76
Sonja Rüegg: »Ich hasse nicht die Schweiz, sondern die Verlogenheit«. Das Schweiz-Bild in Max Frischs Werken ›Graf Öderland‹, ›Stiller‹ und ›achtung: die Schweiz‹ … Zürich 1998
Walter Schmitz (Hg.): Materialien zu Max Frischs ›Stiller‹. 2 Bde. Frankfurt 1978
ders. (Hg.): Max Frisch: ›Homo faber‹. Materialien. Frankfurt/M. 1983
ders. (Hg.): Frischs ›Don Juan‹. Materialien. Frankfurt/M. 1985
ders. (Hg.): Max Frisch. Materialien. Frankfurt/M. 1987
Peter Suhrkamp: Briefe an die Autoren. Hg. u. m. einem Nachwort von Siegfried Unseld. Frankfurt/M. 1964
Peter Suhrkamp. Zur Biographie eines Verlegers in Daten, Dokumenten und Bildern, vorgelegt von Siegfried Unseld, unter Mitwirkung von Helene Ritzerfeld. Frankfurt/M. 1991
Julian Schütt: Germanistik und Politik. Schweizer Literaturwissenschaft in der Zeit des Nationalsozialismus. Zürich 1996
Peter von Matt: Der Zwiespalt der Wortmächtigen. Essays zur Literatur. Zürich 1991
ders.: Max Frischs mehrfache Hadesfahrten. In: NR 89 (1978), S. 599–605
Sigrid Weigel: Ingeborg Bachmann. Hinterlassenschaften unter Wahrung des Briefgeheimnisses. Wien 1999

## Bild- und Textnachweise

AKG, Berlin 12, 56, 60, 67; Stiftung Archiv der Akademie der Künste. Bertolt-Brecht-Archiv, Berlin 35; Eva Bosshard 24; mit freundlicher Genehmigung des Max-Frisch-Archivs, Zürich 2, 4, 5, 6, 7, 10, 11, 15, 18, 20, 29, 30, 31, 37, 38, 39, 41, 44, 49, 50, 54, 58, 59, 61, 62, 63, 73, 75, 76; Archiv der Friedrich-Ebert-Stiftung, Bonn u. WDR, Köln 64; Deutsches Filminstitut, Frankfurt 28, 47; Mara Eggert, Frankfurt 3; Manfred Eicher 74; Marianne Frisch-Oellers 53 (Foto: Michael Wolgensinger), 55 (Foto: Pia Zanetti), 57; Keystone-IBA 23; Keystone/Photopress 19, 30; Öffentliche Kunstsammlung Basel/Kunstmuseum 1; Renate von Mangoldt © Literarisches Colloquium, Berlin (S. 132); Literaturarchiv der Monacensia, München 17; © 1987 by Ph. Pilliod/ Ammann Verlag, Abdruck mit freundlicher Genehmigung des Ammann Verlages, Zürich 52; © Fernand Rausser, Bolligen 46, 65; Dr. Fortunatus Schnyder 21, 26; Dr. Joachim Sobotta/ Rheinische Post, Düsseldorf 70; Sibylle Staiger 16; Der Spiegel 51; Suhrkamp Verlag Frankfurt 42; Paul Swiridoff, Schwäbisch Hall 72; Stadtarchiv Zürich (Schauspielhausarchiv) 43; SV-Bilderdienst, München 22, , 68; Theaterwissenschaftliche Sammlung Köln 24, 34; Ullstein Bilderdienst, Berlin 32, 71; Tony Vaccaro, New York 37; © 2001 VG Bild-Kunst, Bonn 1, 67

*Der Abdruck des Gedichts »Bruderschaft« (S. 103) von Ingeborg Bachmann (© GW, Bd. 1, Gedichte, Piper Verlag GmbH, München 1978, S. 150) erfolgt mit freundlicher Genehmigung des Piper Verlags, München*

*Der Abdruck des Gedichts »An die deutschen Soldaten im Osten« (S. 64) von Bertolt Brecht (Die Gedichte von Bertolt Brecht in einem Band, © Suhrkamp Verlag Fankfurt/M. 1981, S. 838f.) und der Abdruck der Max-Frisch-Zitate erfolgt mit freundlicher Genehmigung des Suhrkamp Verlags Frankfurt/M.*

# Personenregister

## Dank

*Die Autorin dankt Frau Marianne Frisch-Oellers, dem Max-Frisch-Archiv und Herrn Walter Obschlager für Ihre freundliche Unterstützung. Sie ist darüber hinaus allen anderen, die ihr mit Rat und Hilfe zur Seite standen, zu Dank verpflichtet.*

## dtv portrait

Herausgegeben von Martin Sulzer-Reichel
Originalausgaben

**Biographien bedeutender Frauen und Männer aus Geschichte, Literatur, Philosophie, Kunst und Musik**

**Hannah Arendt**. Von Ingeborg Gleichauf. dtv 31029
**Johann Sebastian Bach**. Von Malte Korff. dtv 31030
**Thomas Bernhard**. Von Joachim Hoell. dtv 31041
**Hildegard von Bingen**. Von Michaela Diers. dtv 31008
**Otto von Bismarck**. Von Theo Schwarzmüller. dtv 31000
**Die Geschwister Brontë**. Von Sally Schreiber. dtv 31012
**Giordano Bruno**. Von Gerhard Wehr. dtv 31025
**Georg Büchner**. Von Jürgen Seidel. dtv 31001
**Frédéric Chopin**. Von Johannes Jansen. dtv 31022
**Joseph Conrad.** Von Renate Wiggershaus. dtv 31034
**Hedwig Courths-Mahler**. Von Andreas Graf. dtv 31035
**Annette von Droste-Hülshoff**. Von Winfried Freund. dtv 31002
**Elisabeth von Österreich**. Von Martha Schad. dtv 31006
**Theodor Fontane**. Von Cord Beintmann. dtv 31003
**Sigmund Freud**. Von Peter Schneider. dtv 31021
**Friedrich II. von Hohenstaufen.** Von Ekkehart Rotter. dtv 31040
**Max Frisch.** Von Lioba Waleczek. dtv 31045
**Johann Wolfgang von Goethe**. Von Anja Höfer. dtv 31015
**Jimi Hendrix**. Von Corinne Ullrich. dtv 31037
**Alfred Hitchcock**. Von Enno Patalas. dtv 31020
**Jesus von Nazaret**. Von Dorothee Sölle und Luise Schottroff. dtv 31026
**Franz Kafka.** Von Detlev Arens. dtv 31047
**Immanuel Kant**. Von Wolfgang Schlüter. dtv 31014
**Erich Kästner**. Von Isa Schikorsky. dtv 31011
**Heinrich von Kleist**. Von Peter Staengle. dtv 31009
**John Lennon**. Von Corinne Ullrich. dtv 31036
**Ludwig II.** Von Martha Schad. dtv 31033
**Stéphane Mallarmé**. Von Hans Therre. dtv 31007
**Klaus Mann**. Von Armin Strohmeyr. dtv 31031
**Maria Theresia**. Von Edwin Dillmann. dtv 31028
**Nostradamus**. Von Frank Rainer Scheck. dtv 31024
**Edgar Allan Poe**. Von Frank Zumbach. dtv 31017
**Rainer Maria Rilke**. Von Stefan Schank. dtv 31005
**Sokrates**. Von Eva-Maria Kaufmann. dtv 31027
**John Steinbeck**. Von Annette Pehnt. dtv 31010
**Johan August Strindberg**. Von Rüdiger Bernhardt. dtv 31013
**Guiseppe Verdi**. Von Johannes Jansen. dtv 31042
**Oscar Wilde**. Von Jörg W. Rademacher. dtv 31038